Stundenblätter
Salinger
»The Catcher in the Rye«

Traudl Hoops / Wiklef Hoops

Stundenblätter Salinger »The Catcher in the Rye«

34 Seiten Beilage

Ernst Klett Verlag

Reihe: Stundenblätter Englisch

Als Textbasis wurde die unter der Nummer 00.1248 in Penguins Modern Classics erschienene Ausgabe des Romans genommen. Alle Seitenangaben beziehen sich auf diese Ausgabe.

CIP-Kurztitelaufnahme der Deutschen Bibliothek

Hoops, Traudl:
Stundenblätter Salinger „The catcher in the rye"
Traudl Hoops; Wiklef Hoops. –
2., korrigierte Aufl. – Stuttgart: Klett, 1984.
(Klett-Schulpraxis) (Reihe Stundenblätter Englisch)
ISBN 3-12-925131-6

NE: Hoops, Wiklef:

ISBN 3-12-925131-6

2., korrigierte Auflage 1984

Satz: Wilhelm Röck, Weinsberg; G. Müller, Heilbronn
Druck: Wilhelm Röck, Weinsberg
Einbandgestaltung: Zembsch' Werkstatt, München

Inhalt

Zur Konzeption und zum Aufbau der Unterrichtseinheit

Ganzschriften sind inzwischen fester Bestandteil des Englischunterrichts auf der Oberstufe. Die von H. Künzig u. a.[1] hervorgehobenen Ziele des Einsatzes von Ganzschriften in der Mittelstufe (Hinführung zu kontinuierlichem Lesen, zu größerer Lesegeschwindigkeit, zu selbständigem Umgang mit Texten, zur Bedeutungserschließung aus dem Kontext und zur Förderung der Freude am Lesen) gelten in verstärktem Maße für die Oberstufe. Die didaktischen Schwierigkeiten, aber auch die Möglichkeiten der Behandlung von Romanen im Englischunterricht der Sekundarstufe II sind ausführlich in dem von Peter Freese und Liesel Hermes herausgegebenen Sammelband[2] dargestellt; eine ausführliche Begründung für die Durchnahme von *The Catcher in the Rye* liefert Bernd Günter im gleichen Band[3]. Wichtigster Grund für die Auswahl gerade dieses Romans ist seine Thematik, die die Lebenssituation der Schüler intensiv und unmittelbar betrifft, so daß von einer starken Motivation seitens der Schüler ausgegangen werden kann. Durch die schon seit einigen Jahren festzustellende Aussteigersehnsucht bei den Älteren und „Null-Bock-Mentalität" bei den Jüngeren hat der Roman gegenüber früher an Aktualität eher gewonnen. Der Roman bietet für die jugendlichen Leser hinreichend Anlaß, sich mit der eigenen Situation auseinanderzusetzen. Der Lehrer ist hier in der glücklichen Lage, einem Überfluß statt einem Defizit an Motivation gegenüberzustehen. Engagierte Diskussionen über inhaltliche Probleme sollten daher, auch auf ‚Kosten' einer zusätzlichen Stunde, ausdrücklich gefördert werden. Die Vorschläge zu den einzelnen Stunden enthalten deshalb immer wieder Fragen, die zu freier Diskussion und persönlicher Stellungnahme einladen.

Der Roman ist, von einigen längeren Rückblicken abgesehen, chronologisch aufgebaut. Im ersten und dritten Teil des Romans ist die Romanhandlung deutlich zielgerichtet, löst sich jedoch im – umfangreichsten – mittleren Teil in eine pikareske Reihung von Einzelepisoden auf. Der einzige rote Handlungsfaden, der sich durch den Mittelteil hindurchzieht, ist der sich ständig verschlechternde physische und psychische Zustand des ‚Helden'. Die thematische Struktur des Romans ist wiederum weitgehend unabhängig von Chronologie und Handlung: Die Hauptthemen „Kommunikation", „Sexualität" und „phoniness" sind von Anfang an als statischer Hintergrund präsent. Der ‚Held' bewältigt also nicht ein Problem nach dem anderen, sondern sieht sich, mit wechselnden Schwerpunkten, ständig mit allen Themen/Problemen konfrontiert. Bereits in der Auseinandersetzung mit Stradlater in den Kapiteln vier und sechs sind alle drei genannten Hauptthemen angesprochen. Diese fehlende Parallelität von Handlungs- und Themenstruktur erfordert Kompromisse bei der Anlage der Unterrichtssequenz und deutliche Akzentsetzungen bei der Betrachtung einzelner Ereignisse.

Der vorliegende Vorschlag für die Behandlung von *The Catcher in the Rye* stellt eine Kombination von chronologisch-sukzessiver Betrachtung und einem thematisch orientierten Vorgehen dar. Die Unterrichtssequenz folgt in ihrem globalen Aufbau der

Chronologie der Handlung, die Behandlung des Mittelteils ist jedoch primär nach thematischen Gesichtspunkten gegliedert.

Die 15./16. Stunde („Holdens Sprache“) läßt sich gut mit den beiden Zusatzstunden zu einem eigenen Block verbinden. – Sie kann aber auch ebensogut nach der 4. oder nach der 8. Stunde eingeschoben werden. Die diese Stunde vorbereitende Hausaufgabe befindet sich am Ende des Stundenblatts zur 14. Stunde.

Unserem Vorschlag liegt kein spezifischer methodischer *approach* zugrunde, da wir der Meinung sind, daß jeder – notwendig einseitige – *approach* die Spontaneität und Unvorhersehbarkeit der Reaktionen der Schüler auf ihr fiktives ‚alter ego‘ in problematischer Weise einschränkt. Aus diesem Grund erschien es uns auch nicht notwendig, den Schülern zuvor „eine entwicklungspsychologisch begründete Phänomenologie der Adoleszenz sowie den Entwurf eines idealtypischen Adoleszenten vorzustellen“[4]. Ein solcher, in anderem Kontext durchaus sinnvoller Hintergrund birgt die Gefahr in sich, daß der Roman von Anfang an unter externen Normen und Kategorien betrachtet wird und Holdens Probleme als typische Symptome einer naturgegebenen Übergangsphase relativiert werden. Ein solcher Ansatz würde dem Roman nicht nur einen Teil seiner sozialkritischen Schärfe nehmen, sondern auch Salingers eigenes „Aussteigen“ als psychische Abnormität oder Retardierung klassifizieren müssen.

Ein anderer sich anbietender – gattungstheoretischer – Kontext für die Behandlung dieses Romans ist der der „Initiationsreise“. Allerdings sollte die typische Struktur dieser Gattung zuvor aus ein oder zwei Kurzgeschichten exemplarisch erarbeitet worden sein[5] – andernfalls bleibt die „Initiationsreise“ leeres Etikett.

Die nur bruchstückhaft bekannte Biographie des Autors liefert nur ein paar Pointen, eine rezeptionsgeschichtliche Betrachtung des Romans würde den Rahmen des Fremdsprachenunterrichts sprengen.

Die hier vorgelegte Unterrichtssequenz geht von der *Vorweglektüre* des Romans durch die Schüler aus. Ein solches Vorgehen schult nicht nur die Fertigkeit des extensiven Lesens, sondern ist auch unabdingbare Voraussetzung für eine zügige und angemessene Interpretation des Romans. Vor allem die Episoden des pikaresken Mittelteils können nur aus der Kenntnis des gesamten Romans heraus angemessen verstanden werden. Bei der häuslichen Vorweglektüre kann und soll nicht erwartet werden, daß sich die Schüler der genauen Bedeutung jedes unbekannten Wortes versichern – nur allzu schnell würden sie jeglichen Spaß an der Lektüre verlieren. Zentrale Kapitel oder Passagen sollten allerdings im Laufe der Besprechung noch einmal als Hausaufgabe gegeben bzw. in der Stunde semantisch sehr genau erarbeitet werden. Arbeitsblätter mit “annotations”, in denen vor allem Slang-Wörter und einige landeskundliche Begriffe erklärt werden, sollten den Schülern zusammen mit dem ausgewählten Besprechungswortschatz (“Word Fields and Collocations”[6]) vor Beginn der häuslichen Lektüre ausgehändigt werden. (Vgl. 72ff.)

Die Aufforderung zur Lektüre des Romans sollte durch folgende Aufgabenstellungen präzisiert werden:

1. Lektüre des Romans mit Hilfe der “annotations”. Dabei sollte den Schülern klargemacht werden, daß sie zügig lesen sollen und nicht jedes unbekannte Wort nachschlagen müssen.
2. Suche nach geeigneten Überschriften für die einzelnen Kapitel (schriftlich).
3. Bestimmung der Gliederung und Dauer der erzählten Vergangenheit.
4. Stichwortartiges Festhalten der eigenen Leseeindrücke.
5. Selbständige Erarbeitung des Besprechungswortschatzes.

Durch ein oder zwei Summaries von ausgewählten Romanteilen (ein bis zwei Kapitel) kann die häusliche Lektüre ansatzweise kontrolliert und die Anwendung des Besprechungswortschatzes geübt werden. Die von den Schülern während der häuslichen Lektüre zu erarbeitende Liste von Kapitelüberschriften, die in der zweiten Stunde überprüft wird, soll die Übersicht über den Roman während der häuslichen Lektüre und bei der späteren Besprechung im Unterricht erleichtern.
Als *Textbasis* wurde die unter der Nummer 00.1248 in Penguins Modern Classics erschienene Ausgabe des Romans genommen.

Bei der Behandlung von längeren Ganzschriften stehen die Kriterien „Gründlichkeit" und „Schülermotivation" in Konkurrenz. Wir hoffen, mit den hier ausgearbeitet vorgelegten 16 Stunden und den beiden kurz skizzierten Zusatzstunden einen vernünftigen Kompromiß gefunden zu haben, zumal einzelne Stunden auch durchaus genügend Stoff für eine Doppelstunde bieten. Eine Ausdehnung der Besprechung des Romans auf 25 bis 30 Stunden, wie gelegentlich vorgeschlagen[7], scheint uns im Interesse einer hohen Schülermotivation nicht wünschenswert: die häufig von Schülern geäußerte Klage, Literatur werde im Unterricht oft zu Tode analysiert, sollte u. E. nicht auf die leichte Schulter genommen werden.

Jeder Stundenentwurf besteht aus
- allgemeinen *didaktischen Vorüberlegungen,*
- *Notes on Interpretation,* einem interpretatorischen Kommentar, in dem die im Stundenblatt skizzierten „Erwartungen" zusammenhängend, z. T. in einem etwas erweiterten Kontext, dargestellt werden,
- einer Darstellung des konkreten *Verlaufs einer Stunde,*
- und schließlich den eigentlichen *Stundenblättern* mit den dazugehörigen Tafelanschrieben. In einigen Fällen überschreiten diese Tafelanschriebe den üblichen Umfang und haben eher den Charakter einer graphischen Zusammenfassung der Stunde. Sie lassen sich jedoch ohne Schwierigkeiten zu handhabbaren Tafelaufschrieben vereinfachen und können zusätzlich, im Anschluß an die Stunde, als Arbeitsblätter verteilt werden.

Die Interpretation und die unterrichtliche Behandlung eines literarischen Werkes gleichen sich darin, daß es für keines der beiden Unterfangen eine ideale, einzig richtige Lösung gibt. Zuviel hängt in beiden Fällen von den beteiligten Personen (Lehrer und Schüler als Rezipienten bzw. als Teilnehmer der Unterrichtskommunikation), ihren Voraussetzungen und Interessen ab. Das vorliegende Heft ist deshalb nicht als interpretatorisches bzw. methodisches Rezeptbuch gedacht, sondern als – hoffentlich hilfreicher – Vorschlag für eine interessante Behandlung von *The Catcher in the Rye.* Die Eigeninitiative von Lehrern und Schülern soll dadurch nicht behindert, sondern soweit wie möglich gefördert werden.

Anmerkungen

1 H. Künzig/I. Schmalacker/E. Sorbe-Mäntele, *Stundenblätter "The Hound of the Baskervilles"/ "Dead End for Murder".* Zwei Detektivgeschichten für die Klassen 8/9 (Stuttgart: Klett, 1982), S. 8–27.
2 Vgl. Konrad Schröder, *Literatur im Rahmen einer curricularen Konzeption des Schulfaches Englisch.* Studienmaterial Englisch (Tübingen: Deutsches Institut für Fernstudien, 1978) und: Peter Freese/Liesel Hermes (Hg.), *Der Roman im Englischunterricht der Sekundarstufe II.* Theorie und Praxis (Paderborn: Schöningh, 1977).
3 Freese/Hermes, a.a.O., S. 207f.
4 Bernd Günter, "J. D. Salinger: The Catcher in the Rye" (1951)" in: Freese/Hermes, a.a.O., S. 210. Als Informationsquellen für entwicklungspsychologische Fragen nennt Günter: David P. Ausubel, *Theory and Problems of Ado-*

lescent Development (New York, 1954 u.ö.) und: L. Cole/J. Nelson, *Psychology and Adolescence* (New York, [7]1970). Kurze Textauszüge zur Adoleszenzproblematik finden sich in Rühl (vgl. Bibliographie), S. 42–51.

5 Zur Theorie dieser Gattung vgl. Freese, *Die Initationsreise* (Bibliographie). Zur Praxis vgl. die Textausgabe *Stories of Initiation* (Klettbook 5784) und den darauf bezogenen Interpretationsband: Wolfgang Staeck, *Stories of Initiation. Model Interpretations* (Stuttgart: Klett, 1979 u. ö.) Vgl. auch: Peter Freese, „Über die Schwierigkeiten des Heranwachsenden: Amerikanische 'stories of initiation' von Nathaniel Hawthorne bis Joyce Carol Oates", in: P. Freese/H. Groene/L. Hermes (Hg.), *Die Short Story im Englischunterricht der Sekundarstufe II.* Theorie und Praxis (Paderborn: Schöningh, 1979), S. 206–255.

6 Konkrete Vorschläge für eine intensive Erarbeitung des Besprechungsvokabulars finden sich in Green u. a. (vgl. Bibliographie).

7 Vgl. Günter und Schwarz (vgl. Bibliographie).

Informationen zu Autor und Werk

Der Autor

Über Jerome David Salinger, "the Greta Garbo of American Letters", gibt es viele Gerüchte und wenig Fakten. Er wurde am 1. Januar 1919 als zweites Kind einer New-Yorker "upper-middle-class" Familie geboren. Sein Vater, Sol Salinger, war jüdischer, seine Mutter Marie-Jillich irisch-schottischer Abstammung. Salinger besuchte mehrere Schulen in Manhattan, u. a. das bekannte Internat McBurney. Die letzten zwei Jahre seiner Schulzeit verbrachte er an der Valley Forge Military Academy, wo er 1936 das Abschlußdiplom erwarb. Nach einem mehrmonatigen Aufenthalt in Wien und Polen besuchte er verschiedene Universitäten (New York, Ursinus College, Columbia), ohne einen akademischen Abschluß zu machen. 1942 meldete er sich freiwillig zum Militärdienst, in dessen Rahmen er unter anderem auch an der Landung der IV. Division in Dünkirchen am 6. Juni 1944 (= D-Day) teilnahm.

Nach Ende des Krieges schied Salinger aus der Armee aus und lebt seitdem als freier Schriftsteller. Seine erste Kurzgeschichte, "The Young Folks", war bereits 1940 erschienen. Sein bekanntestes Werk, *The Catcher in the Rye*, erschien am 16. Juli 1951, gelangte aber erst 1953 mit dem Erscheinen der Taschenbuchausgabe zum Durchbruch. Wichtige Vorstudien zu Kapitel 1, 2, 21 bzw. 15, 17, 19, 20 dieses Romans waren die beiden Kurzgeschichten "I'm Crazy" (1945) und "Slight Rebellion Off Madison Square" (1946), die leider nur schwer erreichbar sind. In das Jahr 1953 fiel die Publikation der ebenfalls sehr erfolgreichen *Nine Stories* (dt. 1966), eine Sammlung zuvor einzeln veröffentlichter Kurzgeschichten.

Der Höhepunkt von Salingers schriftstellerischer Laufbahn markiert zugleich den entscheidenden Wendepunkt in seiner Biographie: Schockiert von seinem plötzlichen Erfolg zog er sich 1953 auf ein abgelegenes Landgut in Cornish, New Hampshire, zurück, das er seitdem nicht mehr für längere Zeit verlassen hat. 1955 heiratete er die Schauspielerin Claire Douglas, seine Tocher Margaret wurde im selben Jahr, sein Sohn Matthew 1960 geboren. Die Ehe wurde 1967 geschieden wegen Salingers "indifference and refusal to communicate". Nach 1953 hat Salinger in größeren Abständen nur noch fünf Erzählungen veröffentlicht: "Franny" (1955), "Raise High the Roof Beam, Carpenters" (1955), "Zooey" (1957, dt.: *Franny und Zooey* 1963, "Seymour: An Introduction" (1959, dt.: *Hebt den Dachbalken hoch, Zimmerleute* und *Seymour wird vorgestellt* 1965) und "Hapworth 16, 1924" (1965), in deren Mittelpunkt die fiktive Familie Glass steht. Die in diesen Geschichten zunehmende Annäherung an mystische und zen-buddhistische Gedanken wird von manchen Kritikern als "withdrawing into a self-referential fantasy world"[1] kritisiert. Salingers Werk wird gewöhnlich in drei Perioden eingeteilt: 1940–1948 (insgesamt 21 Kurzgeschichten), 1949–1953 (*Catcher* und *Nine Stories*) und ab 1954 (die oben aufgeführten fünf Erzählungen). Seit 1965 ist nichts mehr von Salinger erschienen. Eine Erklärung für dieses Schweigen liefert Salingers einzige(!) öffentliche Stellungnahme seit seiner ‚Flucht' im Jahr 1953 in einem Telefon-Interview 1974 für die *New York Times:* "There is a marvellous peace in not publishing. It's peaceful. Still. Publishing is a terrible invasion of my privacy. I like to write. I love to write. But I write just for myself and my own pleasure."[2] Setzt man Salingers Biographie zu *The Catcher* etwas spekulativ in Beziehung, so kommt man zu dem Ergebnis, daß die in vielen Künstlerbiographien (vgl. entsprechende Kommentare zu Goethes *Werther*) beschworene „Selbstheilung des Autors durch sein Werk" im Falle Salingers nicht gelungen ist. Während Holden doch in einigen Fällen zu echter Kommunikation gelangt und auf seine "deaf-mute"-Utopie zugunsten eines andeutungsweisen Kompromisses mit der Gesellschaft verzichtet, wird der Autor wegen "his refusal to communicate" geschieden und zieht sich völlig aus der Gesellschaft zurück. Warren French sieht Salingers bisherige Lebensgeschichte als "the not unusual one of the lad who courted fame until, upon having the rare luck of winning her hand, he discovered that she brought with her a retinue of nuisances"[3].

Zur Rezeption des Romans

The Catcher in the Rye gehört zu den erfolgreichsten Büchern der Gegenwart. Inzwischen hat der Roman eine Auflage von über fünf Millionen erreicht und ist in über zwanzig Sprachen übersetzt worden. Der Roman wurde zum Kultbuch der jungen Generation der 50er Jahre, "phoney" zum Standardetikett für alles Negative. Diese außerordentliche Wirkung ist nur vergleichbar mit der Bedeutung von Fitzgeralds *This Side of Paradise* für das 'jazz age' and Hemingways *The Sun Also Rises* für die 'lost generation'. 1960 stand der Roman auf dem Lektüreplan von 300 Universitäten und Colleges, 1966 wurde „Der Fänger im Roggen" vom niedersächsischen Kultusministerium zur Pflichtlektüre für den Deutschunterricht an Gymnasien erklärt.[4] Im Englischunterricht der Oberstufe schließlich ist der Roman schon lange ein ‚Klassiker'. Bei den Kritikern war die Aufnahme des Romans zunächst nicht besonders lebhaft. Vor allem von kirchlicher Seite wurde der Roman wegen seiner als unnötig blasphemisch und obszön empfundenen Sprache kritisiert. 1957 war der Roman deshalb in Australien und Südafrika sogar für mehrere Monate verboten. Die Zurückhaltung der Kritiker schlug jedoch bald ins Gegenteil um und machte *The Catcher* zum „meistgedeuteten Roman der amerikanischen Gegenwartsliteratur" (Freese).

Eine nach Erscheinungsjahren geordnete "Checklist"[5] verzeichnet für die Jahre 1958 bis 1963 den Höhepunkt der wissenschaftlichen Beschäftigung mit dem Roman (und anderen Werken Salingers), ab 1964 ist ein sehr deutlicher Rückgang der Sekundärliteratur zu verzeichnen, der nicht zuletzt auf Salingers publizistische Abstinenz seit 1966 zurückzuführen ist. In den 70er Jahren sind durchschnittlich nur noch ein bis drei Titel pro Jahr nachweisbar. *The Catcher in the Rye* ist offenbar zum weitgehend ausdiskutierten 'minor' oder 'major' Klassiker geworden.

Der deutsche Beitrag zur Sekundärliteratur über den *Catcher* ist, obwohl quantitativ unbedeutend, qualitativ bemerkenswert. Dies gilt insbesondere für Hans Bungerts Artikel 1960[6], der laut French der erste nicht-englische Artikel über den Roman war, und Peter Freeses exemplarische Interpretation aus dem Jahr 1971[7], die noch immer als eine der gründlichsten und umfassendsten Analysen des Romans anzusehen ist.

Der Umfang der bisherigen Sekundärliteratur deutet nicht nur auf die Bedeutung, sondern auch auf die Kontroversheit der Einschätzung und Interpretation des Romans hin. Über so zentrale Aspekte des Werkes wie Bewertung, Symbolik, Struktur, Sprache, Entwicklung des Helden und sozialkritisches Potential finden sich nach Freese völlig gegensätzliche Meinungen in der Sekundärliteratur. Grob läßt sich die Sekundärliteratur in folgende fünf Gruppen einteilen:

1. Religiöse Deutungen auf christlicher oder buddhistischer Basis.
2. Soziologische Analysen, die Holden, im Sinne Riesmans, als innengeleiteten Außenseiter in einer außengesteuerten „Einsamen Masse" verstehen.
3. Psychologisch-psychoanalytische Ansätze, die *The Catcher* vor allem als Pubertätsroman verstehen.
4. Gattungsorientierte Interpretationen, die den Roman in den Kontext des amerikanischen Initiationsromans stellen, z. B. Holden als zeitgenössischer Huck Finn im 'waste land' der Metropolis.
5. Arbeiten, die auf literarische Beziehungen zu anderen Autoren abheben. Die Skala reicht hier von Burns zu Rilke, Fitzgerald zu Lardner und von T. S. Eliot zu Schriften des Mahayana-Buddhismus.

Die Kontroversheit der Beurteilung zentraler Aspekte des Romans und die breite Palette von Deutungsansätzen erweisen *The Catcher* als ein komplexes literarisches Kunstwerk, das sich einer eindeutigen Bedeutungsfestlegung entzieht.

Anmerkungen

1 Vgl. Kerry McSweeney, "Salinger Revisited", *Critical Quarterly* 20 (1978), S. 62.

2 McSweeney, a.a.O., S. 62.

3 Warren French, *J. D. Salinger* (Boston, ^{2}1976), S. 21.

4 Vgl. F. Kraul, „J. D. Salingers Roman ‚Der Fänger im Roggen' als Pflichtlektüre im Deutschunterricht der Oberstufe", *Der Deutschunterricht* 1 (1968), S. 79–86.

5 David D. Galloway, *The Absurd Hero in American Fiction* (Austin/London, ^{2}1970), S. 239–267.

6 Hans Bungert, „J. D. Salingers *The Catcher in the Rye.* Isolation und Kommunikationsversuche des Jugendlichen", *Die Neueren Sprachen* 9 (1960), S. 208–217.

7 Peter Freese, *Die Initiationsreise.* Studien zum jugendlichen Helden im nordamerikanischen Roman (Neumünster, 1971).

Kommentierte Bibliographie

a) Zu Salingers Werk

Eine ausführliche ,Durchinterpretation' von Salingers Werk, ohne systematischen Anspruch bietet:
Warren French, *J. D. Salinger,* Twayne's United States Authors Series 40 (Boston, rev. ed. 1976).
Einen kompakten zuverlässigen Gesamtüberblick mit ausgewählten Literaturangaben liefert:
Peter Freese, „Jerome David Salinger", in: M. Christadler (Hg.), *Amerikanische Literatur der Gegenwart* (Stuttgart, 1973), S. 43–68.

b) Forschungsbericht

Peter Freese, „Forschungsbericht: J. D. Salinger: 'The Catcher in the Rye'", *Literatur in Wissenschaft und Unterricht* 1 (1968), S. 123–152.

c) Zu The Catcher in the Rye

Hans Bungert, „J. D. Salingers 'The Catcher in the Rye'. Isolation und Kommunikationsversuche des Jugendlichen", *Die Neueren Sprachen* 9 (1960), S. 208–217.
Die Pubertät, aber auch seine außerordentliche Sensibilität machen Holden zum Außenseiter in einer dem Vergnügen und dem Materialismus verhafteten Zivilisationsgesellschaft. Im einzelnen werden behandelt: Symbole der Isolation, Todessymbolik, Fluchtpläne, Kommunikationsversuche, sexuelle Probleme, Flucht in Spiel und Imagination, Nonnen und Kinder als einzige Enklaven der Reinheit.

Bernd Günter, „Holden Caulfield – sentimentaler oder sentimentalischer Idealist?", *Die Neueren Sprachen* 21 (1971), S. 728–738.
Im Mittelpunkt steht die Frage, ob Holden ein eskapistischer Idealist (= ,sentimental') oder ein konkreter Utopist (= ,sentimentalisch') ist, der versucht, die Diskrepanz zwischen Ideal und Wirklichkeit tatkräftig zu vermitteln. Ausführlich behandelt werden: 'phoniness' vs. Holdens Ideale, Holdens sentimentale Idealisierung der Kindheit und seine Fluchtversuche (Filmrollen, "going west" etc.). Holdens eigene 'phoniness' erscheint als Beginn seines Übertritts in die Erwachsenenwelt. In der Übernahme von Verantwortung für Phoebe und in der Karussellszene sieht Günter Holdens Wandlung vom sentimentalen zum sentimentalischen Helden.

Peter Freese. *Die Initiationsreise.* Studien zum jugendlichen Helden im nordamerikanischen Roman mit einer exemplarischen Analyse von J. D. Salingers "The Catcher in the Rye" (Neumünster, 1971).
Die Analyse in Teil IV dieses Buches, *„The Catcher in the Rye* als Initiationsreise-Roman" (S. 178–281) erschöpft sich keineswegs in dem thematisierten Aspekt, sondern behandelt praktisch alle zentralen Aspekte des Romans. Hinzu kommen umfangreiche Literaturhinweise zum Thema der Initiation.

d) Zu speziellen Aspekten

B. Schröder, *Das Bild des Kindes bei J. D. Salinger* (Diss.: Freiburg, 1975).
Zeigt den Prozeß der zunehmenden Idealisierung des Kindes vom relativ realistischen

Kind in den frühen Erzählungen, über die Rolle des Kindes als Retter orientierungsloser Jugendlicher (vgl. *Catcher*) bis zum Kind als Repräsentanten einer religiösen Gotteskindschaft des Menschen.

Donald P. Costello, "The Language of 'The Catcher in the Rye'", *American Speech* 34 (1957), S. 172–181. Nachgedruckt in: M. M. Marsden (Hg.), *If You Really Want to Know* (Chicago, 1963) und E. M. Kerr/R. M. Aderman (Hg.), *Aspects of American English* (New York, 1963).
Diese einzige, viel zitierte, primär linguistisch orientierte Analyse von Holdens Sprache stand auch Pate für die 15./16. Stunde.

Die Dissertation von Karl Ortseifen, *Kritische Rezeption und stilistische Interpretation von J. D. Salingers Erzählungen* (Frankfurt, 1979) befaßt sich vorwiegend mit den frühen Kurzgeschichten. Im Vergleich zu den beiden Kurzgeschichten "I'm Crazy" und "Slight Rebellion" sei die Sprache des *Catcher* derber und realistischer und damit zugleich unmittelbarer und anschaulicher. Salingers Spätstil dagegen tendiere zu einem Zurückdrängen der Handlung zugunsten didaktisch-diskursiver Passagen.

Ebenso ‚klassisch' wie Costellos Sprachanalyse ist die Interpretation der "symbolic structure of language, motif, episode, and character" von Carl F. Strauch in: "Kings in the Back Row: Meaning Through Structure. A Reading of Salinger's 'The Catcher in the Rye'", *Wisconsin Studies in Contemporary Literature* 2 (1961), S. 5–30.

e) Didaktische Beiträge

Klaus Schaefer, „Die Behandlung von Romanen im Englischunterricht der Oberstufe", *Der fremdsprachliche Unterricht* 3 (1969), H. 9, S. 24–38, speziell S. 35–38.
Betont u. a. die Bedeutung ausgiebiger inhaltlicher Diskussionen und enthält ein eindrückliches Beispiel für den Vergleich von Original und Übersetzung.

Herbert Rühl (bearb.), *J. D. Salingers 'The Catcher in the Rye'*. Study Guides, Heft 1 (Frankfurt: Hirschgraben, 1969, [4]1976).
Enthält in Teil B ("Annotations") ein sehr umfangreiches, nach Seiten geordnetes Vokabelverzeichnis, in Teil C ("Background Material") 24 kürzere Auszüge aus der Sekundärliteratur, die allerdings z. T. sprachlich so anspruchsvoll sind, daß sie eher für den Lehrer als für den Schüler geeignet erscheinen. Teil D schließlich besteht aus "Suggestions for Discussion".

Hellmut Schwarz, „Die Anwendung gruppenunterrichtlicher Formen im Englischunterricht der Oberstufe. Dargestellt am Beispiel von Salingers 'The Catcher in the Rye'", *Der fremdsprachliche Unterricht* 6 (1972), H. 21, S. 59–75.
Eine sehr ausführliche Dokumentation einer Unterrichtssequenz zum *Catcher,* die allerdings, ohne Klassenarbeit, 25 Stunden umfaßt. Gleichzeitig ein engagiertes Plädoyer für Gruppenunterricht.

Bernd Günter, "J. D. Salinger: The Catcher in the Rye (1951)", in: P. Freese/L. Hermes (hg.), *Der Roman im Englischunterricht der Sekundarstufe II* (Paderborn: Schöningh, 1977), S. 207–222.
Dieser lesenswerte Beitrag besteht aus einer ausführlichen lernzieltheoretischen Begründung für die Durchnahme, aus didaktisch-methodischen Überlegungen zur Behandlung und aus einer kompakten Gesamtinterpretation des Romans.

Jens-Peter Green u. a., "'Stradlater is a sexy bastard ...'. Zum Problem des Bespre-

chungswortschatzes bei Salingers 'Catcher in the Rye'", *Praxis des neusprachlichen Unterrichts* 29 (1982), S. 239–250.
Dieser Artikel enthält wertvolle, vor allem konkrete Vorschläge (Liste von wichtigen Wortfeldern und Kollokationen, Inhaltsangabe als Lückentext) zur Erarbeitung und Vermittlung des für *The Catcher in the Rye* notwendigen Besprechungsvokabulars.

f) Übersetzung

Die erste deutsche Übersetzung des Romans von Irene Muehlon, „Der Mann im Roggen" (Zürich: Diana Verlag, 1954), war vor allem aufgrund ihrer starken sprachlichen Glättung zu Recht wenig erfolgreich. Aber auch Heinrich Bölls Überarbeitung dieser Übersetzung, „Der Fänger im Roggen" (Köln: Kiepenheuer & Witsch, 1962) leidet noch unter diesem Mangel.

Darstellung der Einzelstunden

1. Stunde: Analyse der fiktiven Kommunikationssituation

Didaktische Vorbemerkungen

Da bei *The Catcher in the Rye* (= CR) eher mit einem Motivationsüberschuß als mit einem motivationellen Defizit zu rechnen ist, sollte den Schülern zunächst einmal die Gelegenheit gegeben werden, ihre Leseeindrücke und -reaktionen, die sie ja auch nach der Romanlektüre kurz notieren sollten, zu äußern. Im Laufe der Diskussion können gleichzeitig einige thematische Schwerpunkte (love/sex, phoniness, children, communication) für die folgende Behandlung des Romans festgehalten und ggf. vom Lehrer ergänzt werden. Auf diese Weise werden die Schüler miteinbezogen in die Strukturierung der Unterrichtssequenz. Wenn der Lehrer Schülervorschläge ablehnt oder eigene Ergänzungen einbringt, sollte er dafür jeweils eine Begründung geben. Die Erfahrung mit diesem methodischen Einstieg hat gezeigt, daß die Schüler durchaus erkennen, welche Themenkomplexe für die Behandlung relevant sind.
Gegenstand des zweiten Teils der Stunde ist eine genauere Herausarbeitung der wichtigsten Faktoren der fiktiven Kommunikationssituation (Erzählsituation, Intentionen des Erzählers, Erzählergegenwart). Dabei geht es einmal um die Einführung (oder Wiederholung) einiger romantechnischer Termini, vor allem aber darum, durch die Klärung der fiktiven Kommunikationssituation die Schüler an die Hauptfigur und ihre Bewußtseinslage heranzuführen. In diesem Zusammenhang können zugleich erste Beobachtungen zur Sprache und zum Aufbau des Romans gemacht und zusammen mit den anderen Ergebnissen zu einer vorläufigen Charakterisierung von Holden verwendet werden. Bei Zeitknappheit kann die Charakterisierung auch als Hausaufgabe gegeben werden. Im Mittelpunkt stehen die erste Seite und der erste Absatz der letzten Seite des Romans.
Der Kontrast zwischen Holdens Darstellung und der in *David Copperfield* kann durch einen Vergleich der beiden Romananfänge deutlicher herausgearbeitet werden. Der Dickens-Text zeichnet sich durch anspruchsvolle Sprache und Satzbau aus, die Darstellung beginnt mit der Geburt des Helden und wird von Anfang an unter eine bestimmte Leitfrage gestellt.

Notes on interpretation

Although Holden does not like autobiographies, his report, where 'hero' and narrator are identical, is, technically seen, an autobiographical first person narration. Holden's report mainly differs from traditional autobiographies – the "David Copperfield kind of crap" – in so far as it concentrates only on a very short though critical segment, in fact only 48 hours, of the hero's life. Sudden and incisive crisis is generally the mark of the short story, not the novel. When we take into consideration that CR was Salinger's first novel after several short stories it seems that this concentration on a moment of crisis is less the result of Holden's aversion against traditional autobiographies than the author's habitual preference for short stories. This observation may offer an explanation for the occasional impression that CR is too lengthy and wouldn't have suffered very much from considerable shortening. Enthusiasts of this novel, however, will object that its lengthiness functions as an ingenious means for Holden's characterization. The reader will have to decide for himself.

Autobiographical narration is essentially subjective: the narrated past we are presented with is totally dependent on the perspective and on the interests and values of the hero as narrator. This we have to keep in mind when we expose ourselves to Holden's bleak and unflattering depiction of grown-up life. To understand the author – not Holden – properly, we must compare Holden's view of life with ours and then take sides. And even then our judgement will depend on our age and view of life and may differ considerably from the author's original intention, which we can get to know, especially in Salinger's case, only through the text.

From the first and the last page we can conclude that Holden had an indeed very severe mental and physical breakdown as a consequence of his short stay in New York, of "this madman stuff that happened to me". This formulation shows that Holden sees himself mainly as the victim ("happened to me") of rather strange events which surpass ordinary reasoning or which he has not yet been able to interpret adequately. It also shows that Holden has by now won a sufficient distance from the past to be able to formulate such a general judgement on it. We may surmise, then, that gaining a better understanding of past events and of himself is therefore one important motive for Holden's report. In this way, Holden tries to follow the advice of Old Luce (cf. p. 154: "to recognize the patterns of your mind") and Antolini (cf. p. 195: "you're going to have to find out where you want to go"). And the question whether Holden has understood the past and himself and has learned something from his experiences in New York is an important question for the whole novel. Holden's other motive for writing is the attempt to establish communication with the reader, to be understood by him and perhaps to help other people with his report in the way Antolini explains to him on page 196: "Happily, some of them kept records of their troubles. You'll learn from them."

Holden's relationship to the reader, though, is rather ambiguous: On the one hand, he directly addresses the reader whose interest he, however, very much doubts (cf.: "If you really want to hear . . ."), on the other hand he isn't ready at all to comply with the reader's supposed expectations (traditional autobiography). This ambiguity of craving for communication while endangering it at the same time by his own behaviour is a pervasive feature of Holden throughout the novel and an important element of communication as a central theme of the novel. Apart from direct address, Holden uses italics rather profusely to win the reader's attention and to state his point as clearly as possible.

Holden, in refuting traditional autobiography and concentrating on a few hours of his life only, thus forfeits the chance to understand and explain his troubles historically. While concern for his parents seems to be a rather poor explanation for this self-limitation, his slight interest in historical developments is, as the lack of historical perspective in the whole novel shows, by no means incidental but has to be considered as a serious flaw of his vision.

The first page already contains some very characteristic elements of Holden's diction. His vocabulary is full of slangy and colloquial words and phrases (cf. "lousy", "David Copperfield kind of crap", "two haemorrhages apiece", „as hell", "goddam", "stuff", "crumby", "English jobs", "bucks", "dough", "killed me"). Apparently, the narrator is still rather young and is not interested in complying with the linguistic expectations of grown-up readers. Another characteristic feature, the tendency to hollow or imprecise expressions, is heralded in a formulation like "They're nice and all", where "all" is apparently to represent all other positive qualities of his parents. In "he's my brother and all", the same expression is meaningless and therefore superfluous. Looking at the general linguistic structure of the first page, we note a predominance of associative linking, mixed with an occasional attempt at logical reasoning (cf.: "in the first... in the second place"). The narrator's main idea obviously is to inform the reader of his intentions, but soon his thoughts go astray and we are told about his brother and his car, Holden's opinion of his brother's short stories and of movies and Hollywood. With the last sentence, the narrator tries to get back to his original strain of thought. Associative digression, the central structural principle of Lawrence Sterne's *Tristram Shandy* and a characteristic feature of Holden's way of narrating also gains, later on in the novel, a thematic function in Holden's dialogue with Antolini (cf. p. 190–192).

Verlauf der Stunde

1. Unterrichtsschritt:
Freie Meinungsäußerung zum Roman

Hauptziel dieses Unterrichtsschritts ist es, den Schülern bewußt zu machen, daß ihr Interesse an diesem Roman vor allem aus der Parallelität der fiktiven zu ihrer eigenen Situation rührt. In Gang gebracht werden kann das Gespräch mit einer Frage wie „Did you recognize problems connected with your own situation in the novel?“ (Vgl. ergänzende bzw. alternative Fragen im Stundenblatt.) Bei diesem "warming up" sollte der Lehrer nicht strukturierend eingreifen und auch nicht auf inhaltlicher und methodischer Genauigkeit bestehen, damit die Schüler in ihrer spontanen Meinungsäußerung nicht eingeschränkt werden. Die im Laufe der Diskussion zutage tretenden thematischen Schwerpunkte des Romans werden auf einer Seitentafel als Orientierungsmarken für die weitere Behandlung des Romans festgehalten.

2. Unterrichtsschritt:
Erarbeitung der fiktiven Kommunikationssituation

Im Mittelpunkt steht eine genauere Bestimmung der einzelnen Elemente der fiktiven Kommunikationssituation: Autobiographische Ich-Erzählung als Identität von „Held“ und Erzähler, die Gegenwart des Erzählers, seine Intentionen, seine Einstellung zum Leser, seine Einstellung zur eigenen Vergangenheit und zu seiner Familie, seine Sprache (Vokabular, Aufbau). Grundlage ist ein "close reading" der ersten Seite und des ersten Absatzes der letzten Seite des Romans. Um eine Demotivierung der Schüler durch eine zu enge Unterrichtsführung zu vermeiden, sollte zunächst mit einer sehr globalen Frage zu Holden eingestiegen werden, die dann nach Bedarf präzisiert werden kann. Vgl. dazu die im Stundenblatt aufgeführten Unterfragen. Die Antworten werden an der Tafel systematisch geordnet. (Vgl. TA). Als Einstieg kann auch ein schriftlicher Arbeitsauftrag mit einer etwas präziseren Fragestellung gewählt werden.

3. Unterrichtsschritt:
Vorläufige Charakterisierung Holdens

Als Zusammenfassung der Stunde wird gemeinsam eine kurze vorläufige Charakterisierung Holdens und seiner gegenwärtigen

Situation versucht. Grundlage dafür ist der Tafelanschrieb. Ggf. kann dieser Schritt auch als schriftliche Hausaufgabe gegeben werden.

2. Stunde: Inhaltlicher Aufbau und Zeitstruktur des Romans

Didaktische Vorbemerkungen

Der detaillierten Betrachtung der Erzählergegenwart in der ersten Stunde folgt nun ein durch die Hausaufgabe vorbereiteter Überblick über die im Roman dargestellte Vergangenheit und deren inhaltlichen Aufbau. Herausgearbeitet werden soll vor allem die Grob- (drei Phasen) und Feingliederung (einzelne Ereignisse und deren Reihenfolge) der Vergangenheit und deren Relation zur Gegenwart des Erzählers. Dabei sollte jeweils den Schülern auch deutlich werden, welche Bedeutung bzw. methodischen Konsequenzen bestimmte Befunde für den Roman und seine Interpretation haben.
Methodisch gesehen hat die Stunde vor allem die Funktion, den Schülern zu einem besseren Überblick über den gesamten Roman zu verhelfen: Die Bestimmung der Dauer und Segmentierung der erzählten Zeit erfordert das Auffinden unterschiedlicher Belegstellen, das Diskutieren möglicher Kapitelüberschriften rückt die einzelnen Episoden ins Blickfeld und zwingt zu – meist einfachen – inhaltlichen Akzentsetzungen; lediglich die Kapitel 1 und 25 bieten etwas größere Schwierigkeiten. Der *survey of contents* (vgl. S. 79ff.) kann als Muster für die im Unterricht zu erarbeitende Übersicht genommen werden, die von nun an zu den Arbeitsunterlagen jedes Schülers gehören sollte, mit deren Hilfe er sich jederzeit den Roman in seiner Gesamtheit vergegenwärtigen kann. Das Programm für diese Stunde ist recht umfangreich und erfordert daher von Anfang an ein zügiges Vorgehen.

Notes on interpretation

Of his life before his stay in New York Holden tells us very little, and when he does it is usually in the form of very dense information or of short undated flash-backs which statically recall specific moments in his former life (cf. pp. 81–84 on Jane Gallagher: "The way I met her . . ."). This disinterest in historical developments from the past to the present is in line with Holdens initial refutation of traditional autobiography.
The richness of incidents we are presented with in the novel (Holden describes encounters at least with 13 persons) tends to obscure the fact that Holden's report refers only to almost exactly 48 hours shortly before Christmas. A little literary detective work shows that these 48 hours are rather symmetrically distributed over three days: We meet Holden standing on top of Thomsen Hill on a Saturday "around three o'clock that afternoon" (p. 6) and find him anxiously waiting for his sister Phoebe on the following Monday, "twenty-five to one" (p. 212). If we add another two hours for the visit to the zoo, we end up with 9 hours on Saturday, 24 hours on Sunday, and 15 hours on Monday.
Seen from the author's intention, the extensiveness of Holden's report (200 pages for 48 hours) serves to display Holden's character and mind as accurately as possible. But with respect to Holden, this extensiveness represents a lack of meaningful selection which indicates that he has not yet got much inner distance to the past. His emotional entanglement with the past prevents him from rational analysis and economical selection. Hol-

den's lack of psychic distance to the past finds ist explanation in the short lag of time between his stay in New York and the formulation of his report: his breakdown happened shortly before Christmas, at the end of the novel Holden announces – perhaps in July or August – his return to school for the following September. This calculation leaves him only half a year to "digest" his experience in New York.

These above observations are backed by the relative scarcity of narrator's comments on his past. The characteristic and often repeated pattern of "At that time I felt . . . But now I know . . ." in autobiographies is almost absent in Holden's report. Instead, the whole report is narrated chronologically (except the few flash-backs above mentioned), the point of view being located mainly in the past.

The symmetrical temporal three-phase-structure corresponds to the tripartite division of the contents: Holden leaves Pencey Prep late on Saturday (cf.: p. 6, 54), wanders around in New York all Sunday and finds home on Monday. As Freese has pointed out, this story pattern is characteristic of the traditional story of initiation which usually consists of: the hero's departure, his stay abroad, his initiation and his return.

The novel's symmetrical structure is further enhanced by the frame-like distribution of the narrator's present: one page at the beginning of the novel and one at the end. This aesthetical symmetry is a sign of the autor's structural craft, not of Holden's ingenuity.

The fact that the reported incidents take place shortly before Christmas (cf. p. 5) gains special evidence for Holden's communication problem when we remember that Christmas in the United States is, in contrast to Germany, mainly not a family festival but a period of intense communication with friends and neighbours. Holden's isolation is thus symbolically heightened.

The fictive world of the novel is not only datable with respect to the day of the week and the season of the year but also to historical time. When his brother Allie died "on July 18, 1946" (p. 41), Holden was thirteen years old (p. 42); as he left Pencey Prep at the age of 16 (p. 13), his (mis-)adventures in New York are supposed to have taken place in 1949, the writing-down of his report in summer 1950 (cf. p. 13 and p. 220 where Holden plans to go to school again in September). If we relate this date to that of the novel's first appearance in 1951, we may draw two important conclusions: with respect to the author's intention, he obviously wanted the contemporary readers to compare Holden's experience to their own; with respect to the novel's enthusiastic reception, Salinger apparently did meet the general feeling or the expectations of his contemporary readers very accurately.

Verlauf der Stunde

1. Unterrichtsschritt: Vergegenwärtigung des Inhalts der einzelnen Kapitel

Die Stunde beginnt mit der kritischen Diskussion der Expertenvorschläge für Kapitelüberschriften und erläuternde Stichwörter. Dabei geht es vor allem darum, eine brauchbare Inhaltsübersicht für die folgenden Stunden herzustellen; gleichzeitig werden die Schüler auf diese Weise dazu gebracht, sich noch einmal kurz den Inhalt des Romans zu vergegenwärtigen. Mit folgenden Problemen ist u. U. zu rechnen: Kap. 1: umfaßt Gegenwart und Vergangenheit und hat im Grunde Expositionsfunktion für beide Zeitebenen. In bezug auf die Vergangenheit könnte es mit „On top of Thomsen Hill" oder „Pencey Prep" überschrieben werden. Kap. 25: Eine griffige Kapitelüberschrift erfordert starke Abstraktion, da dieses Kapitel sehr vollgepackt ist; Vorschlag: „Crisis and Decision".

2. Unterrichtsschritt:
Zeitliche Gliederung der Vergangenheit

Durch Abstraktion von den einzelnen, durch die Kapiteleinteilung des Romans weitgehend vorgegebenen Handlungsschritten wird nun im Unterrichtsgespräch die Grobgliederung der Vergangenheit – und das heißt im Falle von CR zugleich die rudimentäre Story des Romans – erarbeitet und die zeitliche Erstreckung der drei Phasen ermittelt und an der Tafel festgehalten. Kap. 8 und Kap. 20 haben jeweils Übergangsfunktion von einer Phase zur anderen. Der Begriff der Initiationsreise für das Story-Schema dieses Romans sollte hier nur ins Spiel gebracht werden, wenn zuvor im Unterricht anhand einer entsprechenden Kurzgeschichte die Grundstruktur dieser Gattung modellhaft herausgearbeitet worden ist. Andernfalls wirkt dieser Bezug zu aufgesetzt.
In diesem Zusammenhang sollte auch kurz auf die gelegentlichen, meist undatierten Rückgriffe des Erzählers auf seine Vorvergangenheit eingegangen und gezeigt werden, daß dieser Befund mit Holdens in der ersten Stunde besprochenen Absicht übereinstimmt, auf die historische Perspektive der traditionellen Autobiographie zu verzichten.

3. Unterrichtsschritt:
Zeitliche Gliederung der Gegenwart

Analog zum vorhergehenden Schritt wird nun die Erzählergegenwart (und nahe Zukunft) analysiert.

4. Unterrichtsschritt:
Interpretation der Zeitstruktur

Die Stunde schließt mit einigen Schlußfolgerungen, die sich aus der zeitlichen Struktur des Romans ziehen lassen, z. B.: schnelle Niederschrift = Spontaneität, geringe Formung; geringe zeitliche Distanz zur Vergangenheit = geringe innere Distanz; Selektion = Betroffenheit, Desinteresse an historischer Perspektive. Die Ergebnisse sollten zu denen der ersten Stunde, als Bestätigung bzw. Ergänzung, in Beziehung gesetzt werden.

3. Stunde: Holdens Verhältnis zur Schule

Didaktische Vorbemerkungen zur 3. und 4. Stunde

Da nach den ersten beiden Stunden die Schüler nun einen hinreichenden Überblick über den Inhalt und Aufbau des Romans haben, kann jetzt mit einiger Sicherheit erwartet werden, daß sie zur Klärung einer Frage unterschiedliche Textstellen aus dem ganzen Roman heranziehen können.
Die beiden folgenden Stunden (3. + 4.) folgen noch relativ eng der Chronologie des Romans. Im Mittelpunkt steht Holdens letzter Tag in Pencey Prep. Hauptziel dabei ist es, Holden und seine Beziehungen zu seiner Umwelt genauer herauszuarbeiten. Umwelt, das heißt hier vor allem die Schule, die Lehrer, die Klassenkameraden und die Schemen der Vergangenheit, Jane und sein verstorbener Bruder Allie.
Im einzelnen sollten die Kapitel 2–7 vor allem unter folgenden Fragen betrachtet werden:

1. Wer ist Holden? Welche Eigenschaften, Einstellungen sind für ihn charakteristisch?
2. In welcher Beziehung steht Holden zu seiner Umwelt?
3. Wie sieht die Umwelt Holden, wie wirkt er auf andere?

Methodisch gesehen ist vor allem die dritte Frage von Bedeutung: Den Schülern soll klar werden, daß Holdens Sicht der Dinge nur eine, zudem sehr subjektive, Perspektive darstellt, der andere Perspektiven, soweit sie aus dem Text herauslesbar bzw. explizit dargestellt sind, gegenübergestellt werden müssen. Andernfalls wird der Roman zu flach und profillos rezipiert. D. h., auf diese Weise soll der angesichts der Thematik zu erwartenden starken Identifizierung der Schüler mit der Titelfigur und deren Sehweise entgegengesteuert werden.

Die 2-Stunden-Sequenz endet mit einer Zusammenfassung, bei der der Schwerpunkt auf Holdens innerer Verfassung als Voraussetzung und Grund für seinen „Auszug" nach New York liegen sollte. Der Tafelanschrieb bezieht sich auf beide Stunden.

Notes on interpretation

Holden's self-introduction (p. 13) is short and, concerning his hair, obtrusively symbolical: The dissonance in his behaviour ("I was sixteen then, und I'm seventeen now, and sometimes I act like I'm about thirteen," p. 13) is reflected by the two different colours of his hair. No doubt, Holden is a model of a boy in puberty who finds himself standing between two worlds while really belonging to neither of them. Isolation, disorientation and inner ambivalence are the unpleasant companions of this period of transition.

Transition is also a key-word for Holden's last day at Pencey Prep: Holden is going to leave, not quite of his own free will. On page six, we find him "standing way the hell up on top of Thomsen Hill", in considerable distance to (and isolation from!) the whole school, i. e. the institution and his schoolmates. In both spheres, Holden has failed: at school, he didn't "apply" enough (and was consequently expelled), as captain of the fencing team he foolishly lost all the equipment, which made him the victim of his mates' derision.

These two problems, Holden's relationship to school and to his mates, are the main themes of the first seven chapters. When analyzing these chapters we must not forget that it is Holden who is narrating naturally presenting mainly his own views. Consequently, the analysis has to pay special attention to what other perspectives remain in Holden's report.

Seen from a grown-up point of view for instance, Holden's criticism of Pencey Prep seems trite and superficial. Neither the coloured advertisement of the school nor the 'phoniness' of some teachers and sponsors seem to be adequate justifications for 'not applying', in spite of frequent warnings. The only pertinent criticism of school, presented much later in the novel ('digression', p. 190), is that it stifles creativity and personal engagement. Holden's real problem with school is that he utterly lacks any understanding of and interest for the general purposes of school or for any particular subjects – apart from perhaps literature. During the dialogue with Mr. Spencer, Holden's mind is busy with many things (Mr. Spencer's unaesthetical attire and surroundings, the fate of the ducks, his own feelings and memories etc.) but not with Mr. Spencer's 'good advice'. Instead of openly arguing with his teacher, Holden is evasive, retreating into conventional politeness ('shooting the bull'). Mr. Spencer, on the other hand, for all his good intentions, is unable to penetrate to the boy's heart. Instead, he humiliates him by reading aloud his 'profound' remarks on the Egyptians and offers seemingly stale advice. Holden sincerely acknowledges Mr. Spencer's attempt at helping him (p. 18) but very lucidly recognizes the reason for this specific, and, we may add, for his general failure at school so far: "But it was just that we were too much on opposite sides of the pole, that's all." (p. 18–19). Holden's neutral formulation very adequately describes this inability of mutual understanding. That communication between Holden and a teacher/school is not quite impossible is shown in the later dialogue between Holden and Antolini (pp. 189–198). Antolini's message for Holden is not essentially different in content from Spencer's, but it is offered in a more adequate way.

Verlauf der 3. Stunde

1. Unterrichtsschritt:
Holdens Situation allgemein

Im ersten Schritt dieser Stunde soll zunächst herausgearbeitet werden, daß Holden sich in doppelter Hinsicht in einer Übergangssituation befindet: allgemein in seiner Entwicklungsstufe (Pubertät), speziell in seiner schulischen ‚Laufbahn' (Rausschmiß). Beide Situationen bedeuten für ihn Krise, Desorientiertheit und Isolation.
Anhand der Lektüre von Holdens kurzer Selbstvorstellung (S. 13) wird seine Zwischenstellung zwischen Kinder- und Erwachsenenwelt besprochen.
Aus der folgenden Interpretation der Symbolik der Eingangsszene ("on top of Thomsen Hill", S. 6, S. 7: die mittleren beiden Absätze, S. 8: "What I was really hanging..." bis S. 9 unten) wird dann die für die folgenden Schritte übergreifende Leitfrage „Warum ist Holden gescheitert und isoliert?" entwickelt.

2. Unterrichtsschritt:
Holdens Scheitern in der Schule

Zunächst wird gemeinsam eine Textpassage gelesen (S. 6, 1. Absatz oder S. 17 unten bis S. 18: "I hated that goddam Elkton Hills"), in der Holdens Widerwillen gegen die Schule deutlich zum Ausdruck kommt. Anschließend wird die Begegnung zwischen Holden und seinem Lehrer Mr. Spencer als exemplarisch für Holdens Verhältnis zur Schule betrachtet (S. 11–19). Ein Schüler der Gruppe 1 trägt die Ergebnisse seiner Hausarbeit anhand einer Folie vor, die anschließend diskutiert werden. Je nach dem Inhalt dieser Ergebnisse müssen u. U. entsprechende Zusatzfragen gestellt werden (vgl. Stundenblatt). Auf jeden Fall sollte deutlich werden, daß die Erklärung für Holdens Scheitern nicht nur in seiner Faulheit und seiner Abscheu gegenüber der "phoniness" zu suchen ist, sondern vor allem darin, daß beide Seiten (Holden und Mr. Spencer bzw. die Schule) unfähig sind, sich der anderen Seite verständlich zu machen. Vgl. Holdens Formulierung von den "opposite sides of the pole".

3. Unterrichtsschritt:
Verhältnis der Schüler zur Schule

Zum Abschluß dieser Stunde sollten die Schüler ihr eigenes Verhältnis zur Schule artikulieren und mit Holdens Mißbehagen vergleichen. Immerhin macht Schule für sie zeitlich (allerdings nicht wertmäßig!) das halbe Leben aus.

4. Stunde: Holdens soziale Beziehungen

Notes on interpretation

Holden seems to have been quite popular among his schoolmates (cf. captain of the fencing team, member of the highly valued secret fraternity, cf. p. 174) and may have had many friends and acquaintances at Pen-

cey Prep – we don't know. The only two he chooses to tell us extensively about (apart from a few short references to a Mal Brossard) are Ackley and Stradlater.
Seen from the point of social position, both boys are at opposite poles: Ackley, dirty in mind and physical appearance and disagreeable in all respects, is clearly the typical outsider, despised or at least ignored by everybody. Apart from the more casual fact of having adjoining rooms, the relationship between Holden and Ackley is mainly based on pity on Holden's part (cf. Holden taking Ackley to the pictures, p. 39) and on obstinacy on Ackley's part.
Stradlater, on the other hand, is the exact opposite of Ackley: He is handsome, very popular (among his mates as well as among parents) and very successful with girls, a quality secretly much envied by Ackley and Holden. While Holden despises Ackley, he admires Stradlater and tries to be of service to him, even to the point of self-abnegation: He lends Stradlater his jacket (though knowing that it is too small for him and therefore will probably be ruined) and agrees to write a composition for Stradlater who is meanwhile dating Jane, Holden's tender childhood love.
Although opposites in most respects, Ackley and Stradlater have one negative trait in common – selfishness, which is sharply criticized by Holden in both cases: Ackley is unable to respect other people's interests, Stradlater considers himself to be the most important person in the world and does not acknowledge other people, especially girls, as persons in their own right. He is only interested "in very sexual stuff" (pp. 36/37). Holden himself is by no means without flaws. His "horsing around" makes him a really troublesome partner in conversation and reminds us of his "shooting the bull" when visiting Mr. Spencer. Even when he urgently needs human contact (cf. his nightly "conversation" with Ackley, pp. 51–54), he is unable to be straightforward and serious, and consequently fails to find the help he badly wants. Instead, he is considered to be a foolish young boy who needs to grow up.
Considering the selfishness of Ackley and Stradlater, and Holden's silly behaviour, it is not surprising that both relationships (Holden – Ackley, Holden – Stradlater) fail. But the failure with Stradlater has a second, more prominent reason, Holden's strong jealousy which drives him to the hopeless attack on Stradlater. Here we have again this ambivalence of guilt: To the reader, Holden's attack is understandable because Stradlater apparently only sought sexual gratification with Jane while Holden is full of pure sentimental feelings for her. On the other hand, Holden's uncontrolled fury seems strange, considering the fact that there had not been any contact between Holden and Jane for over a year (cf. p. 35). Therefore by normal standards, Jane was not his girl-friend and Stradlater not guilty of any violation of norms among friends. We will have to re-examine this scene later, in the context of "sex and love".
Among his schoolmates, Holden apparently has no close friends. His real friends, Jane and his dead brother Allie, are shades of the past. Allie represents Holden's projection of an ideal person: intelligent, spontaneous, original, nice, a kind of joyful star which shines brightly even from far away (cf. Holden's symbolic description of Allie's red hair, p. 42).
With Allie, Jane shares outstanding originality in her very idiosyncratic way of playing checkers where she proudly (or: naively) defies all reasonable strategies of that game. When we interpret games in this context as metaphors of life, both Jane and Allie have an aesthetic ("She just liked the way they looked when they were all in the back row", p. 36), or poetic (cf. Allie reading poems during a baseball match) view of life which

doesn't conform at all with the "rules of life" as conceived by Mr. Spencer or by our contemporary ideal of efficiency.
Holden not only admires such examples of "deviant" behaviour, he offers himself some striking examples of ignorance of the world: cf. his inability to find his way on the subway without losing the fencing equipment, his totally useless composition for Stradlater, his naive questioning of Stradlater about his date with Jane (cf. p. 46, also p. 35). Undoubtedly, Holden is seriously at odds with practical life and the "ways of the world" and is, in this respect, justly criticized by Stradlater: "You always do everything backasswards. . . . You don't do one damn thing the way you're supposed to." (45)
Holden's last day at Pencey Prep is really a fatal chain of frustrations which finally turns out to be unbearable for the boy: First the loss of the fencing equipment, then the exposure of his incompetence by Mr. Spencer, the loss of his imagined girl friend, the defeat in his fight with Stradlater, and finally the failure to establish some contact with Ackley. All this happening before the background of having been expelled from school for the fourth time. Holden has clearly reached a point of serious crisis, at first heralded by his "feeling of disappearing" (p. 9), which reappears at the beginning of his second crisis in chapter 25 (cf. p. 204/205), then confirmed by his intense feeling of loneliness (cf. pp. 51, 52, 53, 55) and his death-wish (p. 51). Holden would not be Holden if he did not camouflage his despair with some kind of haughty calm: "I sort of needed a little vacation." (p. 55; cf. p. 8: Holden trying to "feel some kind of goodbye"). The fact is, rather, that on the one hand he cannot stay any longer at Pencey Prep, this place of utter defeat, on the other hand he feels unable to confront his mother and therefore enters into the doubtful odyssee in New York, desperately craving for diversion from depression, for contact to alleviate his loneliness, for orientation for his confused soul and for self-confirmation in the world of grown-ups who do not accept him as their equal.
Seen from a more analytical perspective, Holden's last day at Pencey Prep is representative of his general situation of being at odds with the world around him: he does not understand the purpose of school, has no real friends among his mates, is unable to bridge the gulf between his childlike platonic love for Jane and Stradlater's brutal sexuality, and despises the world of grown-ups for their phoniness while craving at the same time for acceptance by those who consider him a retarded juvenile who is still totally ignorant of the world, of the rules of life. Holden, "standing way the hell up on top of Thomsen Hill" (p. 6), is the impressive symbol of the boy in puberty, living in two worlds while really belonging to neither of them.

Verlauf der 4. Stunde

1. Unterrichtsschritt:
Holden – Ackley

Zunächst trägt ein Schüler der „Ackley-Gruppe" (vgl. Hausaufgabe aus 2. Stunde: Gruppe 2) die Ergebnisse seiner Hausarbeit anhand der Folie vor. Seine Mitschüler werden aufgefordert, Ergänzungen oder Kritikpunkte einzubringen. Je nach Qualität der so gesammelten Ergebnisse muß der folgende Unterricht diese ggf. mehr oder weniger gezielt gewichten, pointieren, korrigieren, ergänzen. Dabei sollte auch die zweite Szene zwischen Holden und Ackley (Kap. 7) summarisch mit in die Betrachtung einbezogen werden (vor allem zur Beurteilung des Verlaufs und Ergebnisses der Kommunikation). Im Mittelpunkt steht weniger Ackley selbst als seine Funktion, d. h. welche Charakteristika von Holden werden in dieser Figurenkonstellation deutlich: Wie wird Holden vom Kommunikationspartner beurteilt, welche Rückschlüsse auf Holden ergeben sich aus seinen Gedanken und seinen Reaktionen während dieser Interaktion?

2. Unterrichtsschritt:
Holden – Stradlater

Dieser Schritt (in dem die Hausaufgabe aus der 2. Stunde, Gruppe 3, eingebracht wird) verläuft formal analog zum vorherigen. Inhaltlich sollte allerdings deutlich gemacht werden, daß diese Begegnung weniger an einer allgemeinen Antipathie Holdens gegenüber Stradlater scheitert als an einem konkreten und vitalen Konflikt (Eifersucht). Auch hier sollte die zweite Szene zwischen beiden Figuren (S. 44–49) in die Betrachtung mit einbezogen werden.

3. Unterrichtsschritt:
Holdens Beziehungen zu seinen Mitschülern

In einem kurzen Resümee wird zunächst anhand der nebeneinander gelegten Folien zu Ackley und Stradlater Bilanz gezogen. Wichtig ist dabei die Ambivalenz der Ursachen des Scheiterns: Einmal Holdens für andere oft kindisches Benehmen, zum anderen Holdens plausible Kritik am Egoismus der Mitschüler. Die folgende Frage nach Holdens Beziehungen zu anderen Mitschülern soll deutlich machen, daß seine wenig erfolgreichen Beziehungen zu Ackley und Stradlater in gewissem Sinne symptomatisch sind für seine insgesamt unbefriedigenden Kontakte zu seinen Mitschülern.

4. Unterrichtsschritt:
Holdens Subjektivität und Weltfremdheit

Auch hier steht ein Schülerbericht (vgl. Hausaufgabe 2. Stunde, Gruppe 4) am Anfang, der anschließend diskutiert wird. In diesem Schritt soll Holdens ‚gestörtes' Verhältnis zur Alltagspraxis herausgearbeitet werden. Als Indikatoren dafür werden einmal seine Vorliebe für Personen, die sich sehr originell, aber etwas weltfremd verhalten (Jane und Allie), zum anderen eigene Verhaltensweisen Holdens (Aufsatz für Stradlater, seine Naivität in den Dialogen mit Stradlater über Jane) genommen. Die Schüler müssen hier unbedingt zu einer gewissen Distanz gegenüber Holdens plausibler Darstellung kommen. Dies kann z. B. dadurch geschehen, daß man die Schüler auffordert, sich entsprechende Szenen in ihrem eigenen Leben vorzustellen: einer, der beim Skat die Buben immer zuletzt ausspielt; ein Torwart der Schulmannschaft, der nach dem Abschlag auf seinen Fanghandschuhen Gedichte liest; ein Schüler, der im Aufsatz das Thema verfehlt usw. In einem "aside" kann darauf hingewiesen werden, daß auch Holdens Vorstellung als Kapitän der Fechtmannschaft (vgl. S. 7) keine Heldentat praktischer Intelligenz darstellt.

5. Unterrichtsschritt:
Holdens Situation vor seinem Auszug aus Pencey Prep

Dieser Schritt hat die Funktion, das in der 3. und 4. Stunde Erarbeitete zusammenzufassen und zu der nächsten Phase, „Holden in New York", überzuleiten. Hauptbezugspunkt ist der bisherige Tafelanschrieb, der auf einige zentrale Begriffe (consequences: disorientation, no identity, isolation lead to search for communication, orientation, identity) hin perspektiviert wird. Dabei sollte auch die erlebnishafte Dynamik der letzten Stunden Holdens in Pencey Prep als Kette von Frustrationen herausgearbeitet werden. Der Übergang zu den beiden folgenden Stunden (Thema „Kommunikation") ergibt sich aus den beiden Fragen: „Warum verläßt Holden Pencey Prep?" und „Was verspricht er sich von New York?". Dabei können über die zweite Frage nur Mutmaßungen angestellt werden, da Holden sich selbst über seine Erwartungen nicht richtig im klaren ist.

5./6. Stunde: Holdens Kommunikationsprobleme

Didaktische Vorbemerkungen

Holdens Aufenthalt in New York wird in den folgenden fünf Stunden („Kommunikation", „Liebe und Sexualität", "Phoniness", „Eskapismus") nicht in chronologischer Reihenfolge (zur Begründung vgl. die Einleitung, S. 7f.), sondern im Hinblick auf thematische Schwerpunkte behandelt. Dabei bleibt die grobe Chronologie von Holdens „Entwicklung" jedoch erhalten: Das Scheitern seiner Kommunikationsversuche in New York (5./6. Stunde), das wesentlich mit seiner Desorientiertheit im erotischen Bereich (7. Stunde) und seinem jugendlich arroganten Ekel vor der generellen Verderbtheit der Erwachsenenwelt (8. Stunde) zusammenhängt, führt folgerichtig zu eskapistischen Wunschvorstellungen unterschiedlichster Art (9. Stunde). Dieser entwicklungspsychologische Zusammenhang sollte in diesen fünf Stunden nicht aus den Augen verloren werden. Deshalb sind auch gelegentliche Rückgriffe auf Holdens Zeit in Pencey Prep (z. B. bei „Kommunikation": Holden – Mr. Spencer, bei „Liebe ...": Eifersucht wegen Jane, bei „Phoniness": "phoney Mr. Ossenburger") und Vorgriffe auf die letzten fünf Kapitel des Romans sinnvoll und wünschenswert, auch wenn sie in den Unterrichtsentwürfen nicht immer explizit aufgeführt sind. Die Plazierung von solchen Vor- und Rückgriffen muß sich jeweils nach dem konkreten Stundenverlauf richten.

Ziel der 5./6. Stunde ist es, die beiden Hauptgründe für das Scheitern von Holdens Kommunikationsversuchen (falsche Auswahl der Partner, widersprüchliches Verhalten) herauszuarbeiten.

Bei sehr zügigem Vorgehen kann der Stoff dieser beiden Stunden auch in einer Stunde bewältigt werden. Voraussetzung ist dann allerdings, daß die im zweiten Schritt der 5. Stunde und im ersten Schritt der 6. Stunde gewonnenen Ergebnisse von den Schülern als Hausaufgabe erarbeitet werden.

Zu Beginn der 5. Stunde wird anhand von S. 63 die Paradoxie (und deren Klärung) von Holdens Verhalten bei seiner Ankunft in New York erarbeitet. Damit wird nicht nur an die 4. Stunde angeknüpft, sondern es kann auch andeutungsweise der Bogen zur späteren Rückkehr Holdens nach Hause geschlagen werden (vgl. "Notes on interpretation"). In den beiden folgenden Unterrichtsschritten soll deutlich werden, daß Holdens willkürliche Auswahl seiner Kommunikationspartner seinem Alter und seiner speziellen seelischen Situation nicht angemessen ist und seine Kommunikationsversuche schon deshalb zwangsläufig zum Scheitern verurteilt sind. Zunächst werden die „Fakten" aus dem Roman zusammengetragen und geordnet (2. Schritt) und dann interpretiert (3. Schritt).

In der 6. Stunde wird der zweite Grund für das Scheitern von Holdens Kommunikationsversuchen erarbeitet. Im Mittelpunkt steht die Analyse zweier exemplarischer Dialoge, die zunächst in arbeitsteiliger Gruppenarbeit vorbereitet und dann im Unterrichtsgespräch vervollständigt wird. Im letzten Teil der Stunde werden die Ergebnisse beider Stunden auf einen gemeinsamen Nenner (Holdens Unreife) gebracht.

Notes on interpretation

Communication may have various aims, for instance: communication for its own sake (to maintain contact or to remove loneliness), information, discussing problems, giving or receiving advice, persuasion or manipulation etc.). In order to reach our respective communicative aims we must at least observe the following considerations:
1. We should select our interlocutor carefully: it makes little sense to ask a stranger the way. This often implies that the selected partner should fit to our social, mental and emotional conditions.
2. We should adapt ourselves to our partner, e. g. we should not swear when talking to a lady or our boss.
3. We should know in advance our primary interests because some communicative intentions are mutually exclusive: If we want a favour from somebody, it is not a very good idea to annoy this person intentionally.
These few reflections on effective communication may help us to a better understanding of Holden's problems.
When Holden leaves Pencey Prep, he feels "sad and lonesome" (p. 55). At the same time, he boastfully announces his decision "to take a room in a hotel in New York", to allow himself the needed "little vacation" and to "take it easy till Wednesday" (p. 55). This ambivalence of real desperation (and uncertainty) and assumed grown-up self-confidence, which is one of Holden's main characteristics, is the reason for Holden's paradoxical behaviour in the call-box at Penn Station (p. 63). Quite alone, confronted with the strange big city in the middle of the night, Holden's first (all too natural) impulse is to contact someone he knows well. Although he spends over 20 minutes (!) in the call-box he does not ring up any body in the end. Holden offers plausible reasons for not calling any of the persons who come to his mind, but the scene as a whole conveys the impression that Holden really does not want to contact any person belonging to his home circle. He still thinks, we may assume, that he can cope with the grown-up world of the strange city, and this is what he wants to do, too. This assumption is supported by the many funny (and depressing) examples in this novel where Holden plays the experienced grown-up – and is each time thrown back on his inexperienced youth. His "choice" of the Edmont hotel is a good example of this: instead of asking the taxi-driver for a suitable cheap hotel, Holden self-assuredly mentions the first hotel which comes to his mind only to find out that he has ended up in a depressing dump (p. 65). Cf. also pp. 59, 61, 68, 74, 96 etc. Holden's inner discrepancy comes also very clearly to the fore at the beginning of his communicative activities: he thinks of calling Jane, his childhood love but is finally not "in the mood" to do it. Instead, he calls up a burlesque stripper he has never seen before. This pattern is repeated again a few pages later: While changing his shirt in order to see "what the hell was going on in the Lavender Room" (p. 71), he longs to call his kid sister Phoebe, "somebody with sense and all".
Failure is, no doubt, pre-programmed because Holden selects for his communicative attempts on Saturday the wrong places (Lavender Room, Old Ernie's bar) and the wrong people (three superficial 'girls' in their late twenties, the taxi-driver Horwitz, Old Ernie, Lillian Simmons, p. 91, a prostitute). His partners are too old (cf.: "In fact, nobody was around my age", p. 73) and have other interests (Peter Lorre instead of "a little intelligent conversation", p. 77; a little chatty diversion instead of discussing

the fate of the ducks, p. 86/87; earning money as quickly as possible instead of making polite conversation, p. 100–103). Considering Holden's violation of elementary communicative principles, it is not surprising that he ends up on Saturday in a deep depression (p. 104).
After the frustrating experiences with strangers on Saturday, Holden changes on Sunday to a better strategy by selecting, with Sally Hayes and Old Luce, people he knows. Nevertheless, these meetings, too, prove to be failures in the end: Both partners break up the conversation prematurely and leave him. A short glance at the beginning and the end of the meeting with Sally will help us to explain these new failures. Holden's introduction of Sally is not very flattering for the girl. He thinks her stupid and very phoney, i. e. in this context superficial. Nevertheless, he opens up his inmost heart to her, he even invites her to join him in his escape plans ans is all the more offended – and offensive – when Sally, a person who is to his own knowledge not suited for such an enterprise, reacts accordingly. Holden should have known better and not rung up her. The same is true of his meeting with Old Luce whom he does not like "too much" (p. 142) and whom he had once called "a fat-assed phoney" (p. 142). Additionally, the locality where they meet, the Wicker Bar, is a favourite place for phoneys. No wonder that this meeting also fails.
Holden has improved his selection of communication partners by choosing on Sunday people he knows but his selection is still deficient because Holden has too negative an opinion of them to reach his aim – open and fruitful discussion of his problems.
The importance of one's attitude to an interlocutor is stressed by Holden's conversation with the two nuns, his only positive contact on Sunday. Although this conversation is rather superficial, it is satisfactory for Holden because he likes his partners (cf. p. 115, 117). He does not even mind that they call him, the would-be grown-up, "a very sweet boy" (p. 117), probably because they are mother-figures for him, similar to Mrs. Morrow whom they remind him of (p. 117).
At the beginning of these notes it was postulated that successful conversation implies, apart from the right selection of one's partner, a clear hierarchy of one's communicative aims. This ability is not natural for Holden, as the following two examples may show:
(1) *Holden – Mrs. Morrow:* Quite a large part of this conversation is based upon Holden's lies about Mrs. Morrow's son. This is all the more surprising as Holden professedly likes Ernest's mother (p. 59). Is Holden really the pathological liar he asserts himself to be (p. 62)? A closer analysis of this conversation, especially of Holden's commentaries on it, shows that he is not. If you like a person, you also want to be liked by him or her. A successful way of reaching this aim, for instance with a mother, is, as Holden himself observes (p. 59, 60), to tell her nice things about her son. Holden consequently follows these tactics in this dialogue and additionally enjoys his manipulative power over Mrs. Morrow. (Cf.: "I had glued her to her seat. You take somebody's mother, all they want to hear about is what a hot-shot their son is." p. 60). Although Holden reaches his aim, to be liked by Mrs. Morrow, he feels sorry about his lying (p. 60, 62) because his insincerity prevents him from reaching his more important aim – serious and for him, helpful communication about himself and his problems.

(2) *Holden – Old Luce:* Deficient clarity about his communicative goals is also partly responsible for Holden's failure with Old Luce.
Holden really wants to discuss "something serious" with him because he is "in a terrific – (situation or conflict??)" (p. 150). Instead

of being friendly, he opens the conversation with questions which he knows that his partner hates (cf. also the dialogue with Ackley p. 53). Again, Holden is enjoying his manipulative power, this time in the opposite direction: he definitely wants to annoy Old Luce, because he does not like him (cf. above the problem of wrong selection). In this respect, Holden succeeds marvellously, but with the unplanned result that Old Luce is no longer receptive to Holden's quest for advice (p. 150).
In the second part of the conversation, where Holden has given up his tactics of intentional provocation, he fails because his questions become, as he realizes himself, too personal (p. 153). In the last part of the conversation, Holden receives really good advice from Old Luce but spoils this by inadequate arrogance: "I put my hand on his shoulder. Boy, he amused me." (p. 154).

To summarize the reasons for Holden's communicative failures: he is not experienced enough to select his partners adequately, to adapt hinself to his partners (cf. his stilted dialogue with the "three witches" in the Lavender Room) and to decide clearly enough on the relative importance of different communicative aims. This is, as Old Luce perceives clearly enough, the consequence of Holden's immaturity and lack of experience: "When are you going to grow up?" (p. 150; cf. p. 152)

Verlauf der Stunde

1. Unterrichtsschritt:
Holdens paradoxes Verhalten

Den Ausgangspunkt für diese Stunde bildet eine kurze Rekapitulierung der Ergebnisse der 3. und 4. Stunde. (Vgl. TA) Es folgt eine kurze Betrachtung von Holdens Ankunft in New York (S. 63), die sein starkes Kommunikationsbedürfnis eindrucksvoll bestätigt. Da die Schüler diese Textstelle wahrscheinlich nicht parat haben, wird sie gemeinsam (laut oder in Stillarbeit) gelesen. Durch die Frage "What is strange about Holden's behaviour in the telephone-booth?" wird die Aufmerksamkeit der Schüler auf die Widersprüchlichkeit von Holdens Motiven (Schwanken zwischen Kommunikationssuche im vertrauten Rahmen und Suche nach selbständiger Bewährung) gelenkt.

2. Unterrichtsschritt:
Holdens Kontakte in New York

Nach der vorhergegangenen Detailanalyse werden nun Holdens diverse Kontaktversuche während seines ganzen Aufenthaltes in New York in einem schriftlichen Arbeitsauftrag (Partnerarbeit) untersucht und die Ergebnisse an der Tafel festgehalten und den drei Tagen (Sonnabend/Sonntag/Montag) zugeordnet. Die Inhaltsübersicht, die in der 2. Stunde erarbeitet wurde, leistet dabei gute Dienste. Anhand der Auflistung an der Tafel ergibt sich dann leicht als Ergebnis, daß Holden am Samstag mit Fremden, am Sonntag mit Bekannten und am Montag mit ihm sehr Nahestehenden Kontakt aufnimmt.

3. Unterrichtsschritt:
Erster Grund für das Scheitern von Holdens Kommunikationsversuchen

Die in Partnerarbeit erarbeiteten Ergebnisse werden nun im Unterrichtsgespräch weiter interpretiert.
Obwohl auf einer abstrakteren Ebene Holden an beiden Tagen aus dem gleichen Grund scheitert – falsche bzw. fehlende Auswahl der Kommunikationspartner –, muß doch zwischen beiden Tagen differenziert werden: Am Samstag sind die Partner

(von Alter, Bildung, Interessen etc.) und die Kommunikationsorte (Bar, drittklassiges Hotel etc.) inadäquat, am Sonntag handelt es sich um von Holden nicht wirklich akzeptierte Personen.

4. Unterrichtsschritt:
Analyse von zwei Kommunikationssituationen

Zu Beginn wird Holdens Verhalten im Kommunikationsprozeß anhand zweier exemplarischer Fälle arbeitsteilig erarbeitet. Damit das Ergebnis möglichst aussagekräftig ist, werden zwei unterschiedliche Fälle genommen. Im ersten Fall (Morrow's mother, S. 59–62) hat Holden eine positive Einstellung zu seinem Gesprächspartner, gegenüber dem anderen Partner (Old Luce) ist Holden kritisch und eher negativ eingestellt. In beiden Fällen soll nicht nur Holdens verbales Verhalten, sondern sollen auch seine Reflexionen über sein Verhalten erfaßt werden. Grundlage dieses Arbeitsauftrages ist ein Arbeitsblatt (vgl. worksheet 1, Stundenblatt S. 11), das von zwei Arbeitsgruppen bearbeitet und ausgefüllt wird. Jeweils ein Schüler jeder Gruppe hält die Ergebnisse auf einer Folie fest und trägt sie anschließend der Klasse vor.

5. Unterrichtsschritt:
Zweiter Grund für das Scheitern von Holdens Kommunikationsversuchen

Die beiden Schülervorträge werden nun diskutiert und die Ergebnisse an der Tafel festgehalten. Dabei sollte die Ambivalenz von Holdens Verhalten in beiden Dialogen als weiterer Grund für das Scheitern seiner Kommunikationsversuche deutlich herausgearbeitet werden: Mit seinem bizarren Verhalten macht Holden unmöglich, was er verzweifelt sucht – Kommunikation.
Aus der Zusammenschau dieser beiden Einzelfälle ergibt sich dann als Erklärung für Holdens merkwürdiges Verhalten und als zweite Ursache für das Scheitern seiner Kommunikationsversuche seine Unfähigkeit, seine eigenen Ziele zu hierarchisieren und sich auf den Gesprächspartner richtig einzustellen. Holden erreicht in beiden Fällen sein manipulatives Ziel (Mrs. Morrow stolz machen auf ihren Sohn, Old Luce ärgern), nicht aber das für ihn in seiner momentanen psychischen Verfassung wichtigere Ziel der ehrlichen, manipulationsfreien Aussprache.

6. Unterrichtsschritt:
Holdens Unreife als Ursache für das Scheitern seiner Kommunikationsversuche

Anhand des Tafelanschriebs aus der 5. und 6. Stunde wird nun im Unterrichtsgespräch zusammenfassend und abstrahierend Holdens Unreife und Unerfahrenheit als letztendliche Ursache für das Scheitern seiner Kommunikationsversuche erarbeitet und damit der Tafelanschrieb vervollständigt.

7. Stunde: Holdens ambivalente Einstellung zur Sexualität

Didaktische Vorbemerkungen

Das Erwachen der Sexualität wird zu Recht als eines der Hauptprobleme, wenn nicht als der zentrale Konflikt der Pubertät angesehen. Es ist daher nicht verwunderlich, daß der Bereich „Liebe und Sexualität" in einem Adoleszenzroman wie *Catcher in the Rye* eine wichtige Rolle spielt. Da sich andererseits auch die Schüler bei der Behandlung des Romans noch in der (ausgehenden) Pubertät befinden, bietet gerade diese Stunde vielfältige Identifikationsmöglichkeiten für die Jugendlichen. Allerdings kann man im Unterricht immer wieder die Erfahrung machen, daß die Schüler zwar von dem Thema deutlich betroffen sind, aber nur sehr zögernd oder gar nicht ihre persönliche Einstellung zu diesem Problembereich offenbaren wollen. Der Unterricht sollte sich daher strikt auf die Besprechung des Textes konzentrieren, es sei denn, die Klasse signalisiert von sich aus, daß sie an einer persönlich engagierten Diskussion des Themas interessiert ist. Die Entscheidung darüber muß dem pädagogischen Taktgefühl des Lehrer überlassen bleiben.

Hauptziel dieser Stunde ist es, Holdens ambivalente Sichtweise erotischer Probleme – hier ‚reine' Liebe, da ‚kruder' Sex – und sein eigenes ambivalentes Verhalten in diesem Bereich herauszuarbeiten. Zur vorhergehenden Stunde ergibt sich dadurch eine enge Beziehung, daß Liebe nicht nur eine – besonders intensive – Form der Kommunikation ist, sondern auch dadurch, daß erotische Aspekte in einigen der in der 5./6. Stunde behandelten Kommunikationsversuche eine wichtige Rolle gespielt haben.

Nachdem im ersten einleitenden Schritt den Schülern die zentrale Antinomie des Themenbereiches anhand einer bereits in der 4. Stunde kurz gestreiften Szene vor Augen geführt worden ist, wird der Themenbereich in den folgenden Unterrichtsschritten in der Art eines didaktischen Dreischritts von These (‚platonische' Liebe = Jane), Antithese (‚kruder' Sex = Edmont Hotel u. a. Szenen) und Synthese (Gespräch mit Old Luce) erarbeitet.

Notes on interpretation

The awakening of sexuality is one of the great problems of adolescence, and consequently, sex plays an important role in *Catcher in the Rye*. In fact, this novel is in many respects a quest for sexual identity. (Cf. Holden: "Sex is something I just don't understand", p. 67). In the frame of the traditional antinomy of spiritual and physical love, or "love and sex" as we will term this opposition, different aspects of the theme are successively unfolded in the novel, the main accent lying on the sexual pole.

The central opposition of love and sex is represented by Holden (the "checkers-playing virgin", as it were) and Stradlater (the "sexual bastard") in their respective relationship to Jane. In a short section of the dialogue between Holden and Stradlater in chapter 7 (p. 46) both attitudes are confronted with intense comic effect: *Holden:* "... Did you ask her if she still keeps all her kings in the back row?" – *Stradlater:* "*No*, I didn't ask her. What the hell ya think we did all night – play checkers, for Chrissake?" The foolish naivety of Holden's question and the senseless fury of his later attack at Stradlater are symptoms for his deep desperation at Jane's probable "degradation" by Stradlater, and, on the symbolic level, at the loss of his ideal of pure, innocent love.

In chapter 11, Holden offers us a vivid description of his past – and forever lost – ideal relationship with Jane. Their friendship is very intense ("we saw each other all the time", p. 81) and intimate but without any sexual notions as Holden explicitly stresses ("I don't mean it was anything physical or anything", p. 81): Holden admires her mouth, her idiosyncratic way of playing checkers and her love for poetry which is the reason why she – as the only person outside Holden's family – was shown Allie's mysterious baseball mitt. To be together with Jane meant for Holden simple happiness, absence of stress (cf. "holding hands with Jane", p. 84), being at ease and in mutual harmony. Physical contacts (holding hands, Jane putting her hand on Holden's neck) were not overtures for sexual intimacies but natural gestures as among members of the same family (cf. Holden's reference to married couples and kids, especially Phoebe). Altogether, their friendship is not very different from Holden's relation to his kid sister Phoebe.

For all its "unspoilt innocence", this relationship is not, neither from inside nor from outside, quite safe from sexual inflictions as "that afternoon Jane and I came close to necking" (p. 83) displays: First, Holden assumes that sexual advances have been made towards Jane by her step-father, then he solaces her with kisses "all over", except on the mouth, because "She sort of wouldn't let me get to her mouth" (p. 83). This remark betrays that even this seemingly "pure" relationship contains the germ of sexual "depravation".

Roughly two years later (cf. p. 35), the seed is germinating well: Holden is almost hypnotized by sex, though in a very contradictory way: he despises and desires sex at the same time. The antinomy of love and sex (as we have called it) no longer exists outside of Holden but has become a troublesome part of himself. Holden's voyeur-experience, especially his reflexions on it, in the Edmont Hotel is a good case in point which very clearly exposes Holden's "big trouble" (p. 66): in his mind he professes to be "probably the biggest sex maniac you ever saw" (p. 66) who can think of "*very* crumby stuff" sometimes. At the same time he "doesn't like the idea because it stinks, if you analyze it". Holden's "analysis" implies a total renunciation of sex, because sex is neither accepted with girls one does not like nor with girls one likes. For the first postulate (= his "sex rule"), Holden gives no reasons, the second one is based on the implicit assumption that sex soils beauty which is only to be platonically admired. Holden finishes his considerations with the resignative remark: "It's really too bad that so much crumby stuff is a lot of fun sometimes." (p. 66). This ambivalence is also, as Holden realizes himself, the reason for his repeated violation of his self-imposed "sex rules".

Holden, dancing with Old Bernice (pp. 75–77) is a good example of this problem: He cannot have really liked her, for he names her in turns a "stupid girl" (p. 75), a "dopey girl" (p. 76) and a "moron" (p. 76). Yet, he is enchanted by her marvellous dancing (which includes the "nice twitching of her pretty little butt", p. 77!) and professes: "I was about half in love with her by the time we sat down." (p. 77). Holden here undergoes the unpleasant experience of being physically and partly emotionally attracted by a girl he intellectually despises. This inner cleavage drives him almost "crazy" and deeply irritates him: "then you never know *where* the hell you are" (p. 77). As the generalisation in his comment "That's the thing about girls", p. 77) displays, this inability to clearly discern between complex love and simple sexual interests has been a frequent experience with him.

Despite his pretentious moral principles, Holden has frequently tried ("most of the time when you're coming pretty close to doing it with a girl", p. 97) and here (pp. 96–102) again tries to overcome his virginity. There are three main reasons why he has not succeeded yet:

1. He does not know how to interpret the reactions of girls, whether they mean "stop it" when they say so or not.
2. Apparently, Holden is unable to give himself away. While necking with a girl he still keeps sufficient emotional and rational distance to *"watch"* the girl losing her head and to feel sorry for the girl's loss of rational self-control.
3. He still has "technical" problems, e. g. "finding what I'm looking for" (p. 98).

Anyway, Holden perceives his big chance, "to do it" at last with Sunny, the prostitute. Holden's assertion that he needed this experience in case he ever got married is exposed as a big lie by the following references to a pornographic book (which he finds "corny, but not *too* corny", p. 98) and his dreams of "Caulfield and his Magic Violin" (p. 98). Confronted with reality, Holden, as was to be expected, totally fails. Before the girl turns up he is "a little nervous but starting to feel pretty sexy" (p. 97), but face to face with the cold professionality of the prostitute, his alleged sexiness gives way to blank depression ("I felt more depressed than sexy", p. 99, 101) and desperation. With the fanciful story about his operation on his "clavichord", Holden tries to bring this awkward situation to a tolerably decent end. The thrashings he later on receives from Maurice, the lift-boy, are, on a higher plane, the deserved punishment for his trespassing in fields he is not yet (and probably will never be) ripe for. In the end, Holden has "failed" because he is not able to dissociate sex totally from the rest of his personality.

Holden's failure with the prostitute is an extreme episode with few serious consequences for his inner life. The ensuing postponement of his loss of virginity will not really harm him seriously. A much more serious problem is the impairment of rational judgment by sexuality. Foreshadowed in connection with Old Bernice, it leads to a very deep and profound crisis in the encounter with Sally. The crisis develops in three steps:

1. When Sally at last turns up, Holden is enchanted by her looks and feels at once like marrying her although "I didn't even *like* her much" (p. 130). Holden's lucid comment on this contradiction: "I'm crazy." At this phase Holden's feelings have not yet let him to any doubtful actions.

2. This changes with "this big clinch" (p. 131), when Holden actually tells Sally that he loves her. His sexual desire has overwhelmed his rational distance. Holden's retrospective mislabelling of this declaration of love as a "lie" (p. 131) betrays that he still doesn't quite understand the emotional effects of love or sex.

3. Although the subsequent phase of their meeting is not very successful, Holden finally opens his inmost heart, his escape plan, to Sally and naturally fails: Sally just does not understand him and they part in sharp dissent. Holden's commentary on this result is almost the same as the one after the "big clinch": "I probably wouldn't have taken her... The terrible part, though, is that I *meant* it when I asked her." (p. 140). But this time – his susceptibility to female physical attraction has driven Holden into a really awkward moral position. Although he has more or less recognized his problem, he expresses on pages 141–142 his profound astonishment that girls behave in such a strange way (i. e. as he himself does!): sacrificing rational judgement on account of emotional involvement ("It's a funny thing about girls", p. 141).

Holden's ideal and moral yard-stick is still love without sex, as he had experienced it (though two years before!) with Jane. And in some ways he is still disgusted by sex (cf. especially his almost hysterical reaction to pornographic graffiti in Phoebe's school, p. 207, and in the museum, p. 210, and to Antolini's patting his head, pp. 199–201). The hitherto discussed examples, on the other hand, show Holden's growing interest in and preoccupation with sex. This unavoidably leads to a split in his personality: he notices that he likes and does things he really dislikes. At the same time, he makes the experience that his own erotic impulses are a bewitching force which throw his rational capacities out of gear: he solemnly declares his love to girls he more or less intellectually despises. This is the second split in Holden's personality, caused by sexuality. In his dialogue with Old Luce, Holden is shown the synthesis of love and sex ("sex as both a physical and spiritual experience",

p. 152, 153) as the solution for his problems. This, of course, implies the unreserved acceptance of sexuality and, at the same time, a selection of partners with respect to physical *and* spiritual criteria. Although Holden agrees with Luce's formula, it is to be doubted that he has really understood it. For Holden twice objects that "you can't do with *everybody*" (p. 152, 153) and laments that he never gets "*really* sexy" with a girl he doesn't like a lot (p. 153). That is: Holden knows the aim but still has to realize it for himself. He has got a hint, but no solution to his problem. Therefore, his next move is to get terribly drunk.

Verlauf der Stunde

1. Unterrichtsschritt:
Erarbeitung der Antinomie von "love" vs. "sex"

Statt einer Begründung des Themas schreibt der Lehrer Holdens ehrliches Statement "Sex is something I just don't understand." (p. 67) an die Tafel und läßt die Schüler diesen Satz erläutern. Wenn die Klasse gut mitmacht, kann sich daraus an einer Seitentafel eine nützliche Materialsammlung ergeben, auf die im folgenden immer wieder zurückgegriffen werden kann. In dieser Materialsammlung ist die in dieser Stunde thematisierte Antinomie des erotischen Bereichs wahrscheinlich schon andeutungsweise enthalten. Auf den Begriff gebracht werden kann sie anhand eines kurzen Dialogausschnitts (S. 46 Mitte), in dem Stradlater und Holden in ihrem jeweiligen Verhältnis zu Jane die beiden Extrempole (Stradlater: "the very sexy bastard" und Holden: "the checkers-playing virgin") repräsentieren. Bevor diese Szene besprochen wird, sollte ihr weiterer Handlungskontext kurz skizziert werden. In diesem Zusammenhang sollte auch kurz auf Holdens starke Eifersucht, die der Motor dieser Szene ist, und deren Ursachen eingegangen werden.

2. Unterrichtsschritt:
Genauere Bestimmung von Holdens Verhältnis zu Jane

Hier wird nun zunächst der eine Pol der Antinomie, die ‚reine' oder ‚platonische' Liebe, konkreter erarbeitet. Ausgangspunkt sind einige ausgewählte Textstellen aus Kapitel 11 (S. 81, Z. 11–14; S. 82, Z. 6–15; S. 83, Z. 20–31; S. 84, Z. 6–30), die in Stillarbeit in der Klasse gelesen werden und als stummer Impuls dienen. Die Schüler sollen sich zunächst, ohne weitere Fragestellung durch den Lehrer, zu dem Gelesenen äußern; die Antworten werden kurz an einer Seitentafel festgehalten. Erst dann beginnt der Lehrer, gemeinsam mit den Schülern, die Antworten zu ordnen, indem er rückfragt, Einzelheiten herausstellt und präzisiert und das Ergebnis in einem Tafelbild festhält. (Vgl. TA) Im Stundenblatt sind entsprechende Fragenvorschläge vorgegeben. Falls der stumme Impuls seine Wirkung verfehlen sollte, können diese (oder ähnliche) Fragen direkt an die Lektüre angeschlossen werden.

3. Unterrichtsschritt:
Holdens ambivalente Einstellung zur Sexualität

Im Mittelpunkt der beiden folgenden Schritte steht Sexualität als Gegenpol zu Holdens zärtlich-unschuldiger Beziehung zu Jane. Eine gewisse methodische Schwierigkeit besteht darin, daß der Roman keine, mit Kapitel 11 vergleichbare, ausführliche Darstellung einer rein sexuellen Beziehung enthält. In den zahlreichen Szenen, in denen es um Sexualität geht, erscheint das Problem immer gebrochen im Spiegel von Holdens Schwanken zwischen kindlich-puritanischer,

fast neurotischer Ablehnung von Sexualität und seiner fast ebenso starken adoleszenten Neugier.
Im 3. Unterrichtsschritt wird ebenfalls mit einer (gemeinsam gelesenen) Textstelle (S. 66, 2. Absatz bis S. 67, 1. Absatz) als stummem Impuls begonnen. Wenn die Klasse bei diesem Thema eher zurückhaltend erscheint, sollte die Textstelle nicht gemeinsam, sondern in Stillarbeit gelesen werden. Das Stundenblatt bietet Fragenvorschläge zur Auswertung der Textstelle.

4. Unterrichtsschritt:
Vertiefung und Konkretisierung anhand von Parallelbeispielen

Von der Einzelstelle wird der Blick nun auf den ganzen Roman erweitert. Damit soll einmal deutlich werden, daß und in welchem Maße Sexualität für Holden ein zentrales Problem ist, zum anderen soll Holdens erotische Konfliktsituation weiter konkretisiert werden.
Die Schüler werden zunächst aufgefordert, weitere vergleichbare Textstellen anzuführen. Die folgenden Textstellen (S. 66f., 77, 97f., 98–102, 130) werden in arbeitsteiliger Gruppenarbeit analysiert. Anschließend werden die Ergebnisse kurz vorgetragen, diskutiert und an der Tafel zusammengefaßt. (Vgl. TA)

5. Unterrichtsschritt:
Erarbeitung der Synthese

In den vorhergehenden zwei Unterrichtsschritten sind Holdens Probleme mit der Sexualität analysiert worden. In diesem Schritt soll nun die im Roman angebotene Lösung für Holdens Probleme, die Integration bzw. Synthese von Liebe und Sexualität, herausgearbeitet werden. Hauptbezugsstelle ist Holdens Gespräch mit Old Luce (S. 148–154). Da Holden die Lösung im Grunde selbst schon halb bewußt ist und in einigen der zuvor besprochenen Textstellen bereits angedeutet ist, kann das Ergebnis zunächst im freien Unterrichtsgespräch erarbeitet werden. Als Impuls wird Holdens Selbsterkenntnis: “My sex life stinks.” (S. 153) an die Tafel geschrieben und nach den Ursachen gefragt. Die daran anschließende Erarbeitung der Textstelle hat dann die Funktion, die Schüleräußerungen zu bestätigen und das Ergebnis zu präzisieren. Sollten die Schüler auf die überleitende Frage nicht reagieren, wird ein Ausschnitt (S. 152 bis S. 153, 1. Absatz) aus dem Gespräch Holden – Old Luce vorgelegt und daraus die Antwort auf die Frage erarbeitet. Das Ergebnis wird an der Tafel festgehalten und so der Tafelanschrieb dieser Stunde abgeschlossen.

6. Unterrichtsschritt:
Anknüpfung an die Erfahrung der Schüler

Wenn noch genügend Zeit ist und die Klasse dem Lehrer dafür aufgeschlossen erscheint (vgl. Didaktische Vorbemerkungen), können Holdens Probleme als Ausgangspunkt für eine – taktvoll geführte(!) – Diskussion eigener Meinungen und Erfahrungen genommen werden. Im Stundenblatt sind einige mögliche Stimuli aufgeführt.

8. Stunde: “Phoniness”

Didaktische Vorbemerkungen

“Phoniness” und “phoney” sind Holdens Lieblingsvokabeln, wenn es darum geht, den Charakter oder das Verhalten anderer Personen negativ zu beurteilen. Dabei verwendet Holden diese Begriffe unterschiedslos für so verschiedene Eigenschaften bzw. Verhaltensweisen wie Angeberei, Unaufrichtigkeit, Affektiertheit etc. Holdens Sprache ist zwar generell wenig differenziert; in diesem Falle ist jedoch eine genauere Bestimmung von Holdens Verwendung beider Begriffe notwendig, da sie global seine Kritik an der Erwachsenenwelt zum Ausdruck bringen.

Wer kritisiert, muß sich auch gefallen lassen, daß man ihn selbst an seinen eigenen Kriterien mißt. Das zweite Ziel der Stunde ist daher zu überprüfen, inwieweit Holden selbst seinen eigenen Maßstäben gerecht wird. Auf diese Weise sollen die Schüler auch Verständnis dafür erwerben, daß es wesentlich leichter ist, Ideale oder Normen aufzustellen als auch nach ihnen zu leben, und daß es auf einen selbst zurückschlagen kann, wenn man allzu radikale, wirklichkeitsfremde Postulate aufstellt.

Auch wenn der Generationenkonflikt als solcher eine Konstante menschlicher Entwicklung ist, sind doch seine Inhalte jeweils anders. Ein drittes Ziel dieser Stunde ist es daher, daß die Schüler vor dem Hintergrund von Holdens Kritik ihre eigenen Einwände gegen die Erwachsenenwelt formulieren, damit diese ihnen so deutlicher bewußt werden. Im Gegensatz zur vorhergehenden Stunde werden von dieser Frage keine Empfindlichkeiten der Schüler berührt, so daß dieses Ziel fest eingeplant werden kann. Bei einer sehr lebhaften Klasse sollte man für diese Diskussion u. U. eine gesonderte Stunde ansetzen.

Die Stunde beginnt mit dem Vortrag der Hausaufgabe (vgl. worksheet 2, Stundenblatt S. 17): Zunächst werden die Beispiele für "phoniness" besprochen (1. Schritt), dann die positiven Gegenbeispiele (2. Schritt).

Die zuvor erarbeiteten Ergebnisse werden dann in einer Bestimmung von Holdens Wertvorstellungen und deren Stellenwert in Holdens Verhältnis zu seiner Umwelt zusammengefaßt (3. Schritt). Holdens Wertvorstellungen spielen im übrigen auch in den nächsten beiden Stunden eine wichtige Rolle, denn sowohl Holdens Aussteigerphantasien als auch seine Hochschätzung von Kindern basieren auf bestimmten Wertvorstellungen. Nachdem die Maßstäbe klar genug sind, kann im 4. Schritt Holdens eigenes Verhalten an ihnen gemessen werden. Die Stunde endet mit einer freien Diskussion über die Wertvorstellungen und kritischen Einwände der Schüler.

Notes on interpretation

Although the conflict of generations is a historical constant, its contents are continuously changing. Ten years ago, critical youths stood up against sexually restrictive norms, a general incrustation of institutions and political life, and against crippling and undemocratic authority in all spheres of society. Intense political engagement for a better organisation of society, based on "really" humane instead of capitalistic principles, was the main watchword. Today, we observe a diffuse dissatisfaction with society which finds its expression less in alternative political programmes than in a general lack of motivation and non-acceptance of society as it is.

Holden's opposition to society is less radical than that of today's punks, poppers etc., and less political than that of the young generation in the late sixties and early seventies. His criticism of society because of its "phoniness" is rather based on implicit moral consideration. Holden's criticism shares its conceptual diffuseness with today's opposition. A closer examination of a few passages will show this:

(a) On pp. 174/175, we find a rather precise use of the term "phoniness" in the sense of "hypocrisy": Mr. Spencer pretends to enjoy

the headmaster's "corny jokes" very much, in order to please his superior.
(b) "The phoniest bastard" (p. 18) Holden ever met with in his life is Mr. Haas, the headmaster at Elkton Hills. Holden criticizes him for his discriminating behaviour, for not spending the same amount of time with "fat or corny looking mothers" as he does with nicer looking or better clothed parents. That is, Mr. Haas despises (perhaps from sheer snobbery) socially inferior people and/or is only interested in people who might be influential for his further career.
(c) Another case in point is Mr. Ossenburger, the "big phoney bastard" (pp. 20/21). Mr. Ossenburger, a successful undertaker, belongs to the establishment ("drives a goddam Cadillac") and likes to be celebrated for his large donation to Pencey Prep. His vanity is apparently paired with the desire to be accepted by the boys as a good comrade and a model of piety. Holden's blasphemous assumption (pp. 20/21) insinuates that Mr. Ossenburger is a hypocrite, but Holden gives no further evidence for this.
(d) At Old Ernie's: Here, Holden censures the audience for idolatry ("Nobody's *that* good", p. 88) and Old Ernie for hypocrisy ("*humble* bow" vs. "him being such a big snob", p. 89). This example clearly shows that Holden's criteria are very rigid and that he doesn't differentiate at all: The behaviour of a good piano player and his audience in a night club follows certain rules and really can't be compared for instance to the personal hypocrisy of Mr. Spencer. Obviously, Holden still lacks an adequate understanding of how society works (cf. his preposterous idea to invite Ernie for a drink!).
(e) During the theatre interval, Holden feels surrounded by a crowd of phonies ("You never saw so many phonies in all your life", p. 132). Here again, Holden criticizes a certain social rite which he despises as snobbish, conceited, blasé and showy.
(f) The semantic diffuseness of Holden's usage of "phoney" comes clearly to the fore on p. 137, where he describes a boy's school as an institution "full of phonies" who are only interested in superficial conversations on a small range of spurious topics and who stick together in small elite groups. (Cf. also p. 174, where phoniness is associated with meanness: "It was full of phonies and of mean guys.") This comes close to a total condemnation of social life.

In order to understand Holden's objections against society better we must also encompass positive ("nice" persons) cases, as incorporations of Holden's values and as points of reference for his criticism. A good example to start with are the two nuns (pp. 115–120), because here, positive and negative are explicitly confronted by Holden. He likes the two nuns from the very beginning and would have liked to give them all his money instead of only ten dollars. The nuns are friendly, open, and unpretending. Their main quality, though, comes to the fore in their contrast to Holden's aunt and Sally's mother (p. 120). While the nuns are charitable only for charity's sake, the other two women would be charitable only in order to exhibit their beauty or to be admired for their charity. To do something good for its own sake is clearly Holden's maxim.
Another positive example is the kettle drummer ("The thing Jesus *really* would have liked", p. 143): although he has only a very small task, he is absolutely content with it ("he never looks bored") and fulfills it with utmost concentration and devotion. In his unpretentious modesty, the drummer is the positive counterpart to Old Ernie and his big show.
A third model of positive behaviour is courageous James Castle (pp. 176/177), who professes his opinion even in the face of deadly violence and even dies for it. His

courage, by the way, contrasts sharply to Holden's acknowledged "yellowness" (cf. pp. 93, 99). (The children who also belong to the group of positive figures we will deal with in the unit after the next.)

Now, we are sufficiently prepared for summarizing Holden's shadowy "system of values". Despite his rather diffuse usage of the term "phoney", we can find, by way of strong generalization, two central meanings of "phoniness":

1. *Pretence* as the intentional incongruence of appearance and reality.
2. *Show-off* as the immodest exhibition of one's supposed qualities.

By inverting these negative qualities, we get the two values "absence of pretence" and "absence of show-off". Both values are obviously realized by the three positive counter-examples which additionally represent in turn the values "charity", "performance of one's duty" and "courage".

For philosophers, it may be no problem to postulate norms and values which hardly anybody can realize. In practical life, however, a too exacting code of ethics may have fatal consequences as Holden is to realize in his dialogue with Phoebe in chapter 22. When his sister reproaches him for not liking "*anything* that's happening" (p. 176), Holden at first protests vigorously but soon becomes more and more depressed when he realizes that he can think of only three persons he likes a lot (apart from members of his family): "That [the two nuns and James Castle] was about all I could think of, though." (p. 177). Holden's norms and values or, as we should better say, expectations, have led him to reject everything and everybody as "phoney" or despicable in some other way (Cf.: "But it isn't just that. It's everything.", p. 136). At the time of this dialogue, Holden has already experienced isolation, the fatal result of such exacting expectations, and is ready to draw the obvious consequence – to break totally with that hateful society. The other possible solution to his problem – to cut down his expectations to realistic proportions – is yet out of the reach of his still immature mind.

It's not without irony that Holden himself several times offends his own norms. Prominent examples are:

1. His dialogue with Mr. Spencer (p. 17): Holden's "shooting the old bull" is certainly phoney although his motive is honourable – he wants to help Mr. Spencer over his scruples.
2. His dialogue with Mrs. Morrow (pp. 58–61): Holden presents a false picture of Ernest, adopts a false identity, pretends – as often after – to be grown-up, and invents "this little tumor on the brain".
3. His dialogue with the prostitute Sunny (pp. 99–102): false identity, wrong age, invents the operation on his "clavichord".
4. His date with Sally (pp. 111/112, 130/131, 134): it is very phoney indeed to make an appointment with a girl that one despises as the "queen of phonies" and to tell her that one is in love with her, only in order to enjoy her physical attractiveness.

While all these examples are illustrations of phoniness in the sense of pretence, Holden's trouble about cheap and expensive suitcases (p. 114) is rather an extreme case of show-off, the second aspect of phoniness, in that Holden, the victim of vanity, knows of his weakness but is nevertheless unable to overcome it successfully: cheap suitcases will probably be objects of irritation for the rest of his life.

Holden's apparent inability to conform with his own norms is reminiscient of his problems in the erotic field. The important difference, though, between the two cases is that in the erotic field, Holden is much more conscious of his moral shortcomings and therefore more prepared for realistic compromises.

Verlauf der Stunde

1. Unterrichtsschritt:
Holdens Verwendung der Begriffe "phoney" und "phoniness"

Ausgangspunkt ist das von den Schülern als Hausaufgabe ausgefüllte Arbeitsblatt (vgl. Stundenblatt). Ein Schüler trägt seine Ergebnisse (mit Folie) vor, die anschließend diskutiert werden. Dabei sollte auch deutlich werden, daß Holdens Begriff der "phoniness" relativ diffus ist. Um nicht bei Holdens begrenzter Perspektive stehenzubleiben, sollte jeweils auch überlegt werden, warum die Figuren sich in einer bestimmten, von Holden als "phoney" kritisierten Weise verhalten. Dabei soll deutlich werden, daß ein zu kritisierendes Verhalten u. U. zwar nicht entschuldbar, aber menschlich doch verstehbar sein kann. Vor diesem Hintergrund wird dann Holdens eigene gelegentliche "phoniness" besser erklärbar und die unangemessene Rigidität seines Maßstabs sichtbar.

2. Unterrichtsschritt:
Analyse positiver Gegenbeispiele

Um Holdens implizite Werte deutlicher zu profilieren, werden die wenigen Fälle/Personen betrachtet, die von Holden eine positive Wertung ("nice") erfahren. Ausgangspunkt ist wiederum die Hausaufgabe, die von einem Schüler vorgetragen und anschließend in der Klasse diskutiert wird.

3. Unterrichtsschritt:
Genauere Bestimmung der Bedeutung und des Stellenwertes von "phoniness"

Anhand des bisherigen Tafelaufschriebs wird zunächst der Begriff der "phoniness" hinsichtlich seines Begriffsinhalts, seiner Trennschärfe und seines hauptsächlichen Anwendungsbereiches zusammenfassend bestimmt und den positiven Beispielen gegenübergestellt. Man erhält dann (vgl. TA) eine Art rudimentärer Wertantinomie, auf die in den folgenden beiden Stunden bei Bedarf zurückgegriffen werden kann.
Holdens moralische Rigidität und deren Konsequenz lassen sich schlecht aus den besprochenen Beispielen ableiten, da sie alle aus Holdens Feder stammen und daher, für sich genommen, jeweils sehr überzeugend sind. Das Problem kommt jedoch in der großen Häufigkeit des "phoniness"-Vorwurfs und vor allem in Phoebes Vorwurf "You don't like *anything* that's happening" (S. 176) deutlich zum Ausdruck. Diese Szene wird gemeinsam auszugsweise gelesen und kurz besprochen. Dabei sollte deutlich werden, daß Holden sich mit der Rigidität seiner Maßstäbe, vor der fast niemand bestehen kann, praktisch außerhalb der Gesellschaft stellt und konsequenterweise eigentlich nur noch „aussteigen" kann (vgl. folgende Stunde).

4. Unterrichtsschritt:
Kritische Betrachtung von Holdens eigenem Verhalten

In diesem Schritt soll vor allem herausgearbeitet werden, daß Holden selbst des öfteren seinen eigenen – zu rigiden (?!) – Maßstäben nicht gerecht wird.
Die Frage, wie Holdens eigenes Verhalten zu bewerten ist, wird zunächst kurz im freien Unterrichtsgespräch erörtert. Der weitere Verlauf der Stunde hängt dann von den Antworten der Schüler ab. Je nachdem, wieviel Distanz sie inzwischen zu Holden als Identifikationsfigur gewonnen haben, werden sie Holden der kleinen Gruppe der "goodies" zuordnen oder aber seine gelegentliche "phoniness" erkennen. Am meisten Leben kommt in die Stunde, wenn sich die Mei-

nungen über Holden deutlich polarisieren. In jedem Fall werden die Schüler aufgefordert, ihr Urteil mit entsprechenden Textstellen zu belegen. Je kritischer die Schüler gegenüber Holden bereits eingestellt sind, desto kürzer kann dieser Schritt ausfallen. Im Stundenblatt sind mehrere "phoniness"-verdächtige Textstellen aufgeführt, aus denen nach Bedarf ausgewählt werden kann. Die Stellen können jeweils unter den beiden Leitfragen „Ist Holdens Verhalten hier 'phoney'?" und „Warum verhält sich Holden hier so?" betrachtet werden. Zur Lektüre kommt lediglich die Geschichte mit den Koffern (S. 114f.) in Frage, da die anderen Stellen schon zuvor, in anderen thematischen Kontexten, besprochen worden sind. Der Unterrichtsschritt mündet in eine zusammenfassende Darstellung des Problems der "phoniness".

5. Unterrichtsschritt:
Bewußtmachung und Abklärung der eigenen Position

Hier sollen die Schüler Gelegenheit haben, in freier Meinungsäußerung bzw. Diskussion, ihre eigene Kritik an der heutigen Erwachsenenwelt zu artikulieren, mit Holdens Kritik zu vergleichen und möglichst, wenigstens ansatzweise, zu etwas mehr Toleranz gegenüber sich selbst und anderen gelangen.

9. Stunde: Holdens Eskapismus

Didaktische Vorbemerkungen

Die 9. Stunde stellt ein unmittelbares Komplement zur vorhergehenden dar. War in letzterer die Hauptfrage, was Holden an seiner Umwelt bzw. an der Gesellschaft auszusetzen hat, geht es in dieser Stunde um die – im wesentlichen eskapistischen – Konsequenzen, die Holden aus seiner inneren Situation zieht bzw. gern ziehen würde. Die unmittelbare Gelenkstelle (S. 137–139) zwischen beiden Aspekten, Gesellschaftskritik ("phoniness") und Konsequenz ("escapism"), ist seine Begegnung mit Sally, der "queen of phonies", der er trotz allem vorschlägt, mit ihm zusammen nach Vermont zu gehen, um dort ein idyllisches Leben zu führen.

Die negativen Aspekte von Holdens Situation, seine Gesellschaftskritik und die von ihm ins Auge gefaßten (konkreten oder abstrakten) Fluchtorte bedingen sich wechselseitig. Dementsprechend ist bei allen Fluchtorten zu fragen, welche Eigenschaften sie aufweisen, ob und inwiefern sie sich signifikant von der kritisierten Wirklichkeit unterscheiden und welche zusätzlichen Wertvorstellungen aus ihnen erschlossen werden können. Schließlich sollten Holdens Idyllen auch kritisch hinsichtlich ihrer Realisierbarkeit etc. betrachtet werden.

Neben den konkreten Idyllen (Mass./Vermont: S. 136–140; Ranch in Colorado: S. 172; "deaf-mute out west": S. 205f.; "my cabin": S. 211) gehören zum Themenbereich „Eskapismus" auch Holdens Vorliebe für das Museum, seine gelegentlichen Todesgedanken und seine Fixierung auf die Unschuld der Kindheit, die allerdings Gegenstand erst der folgenden Stunde ist. Obwohl es am naheliegendsten erscheint, mit der o. g. Sally-Stelle zu beginnen, schlagen wir vor, mit Holdens Erinnerungen an seine Museumsbesuche anzufangen, und zwar aus folgenden zwei Gründen: Zum einen repräsentiert die blutleere Statik des Museums Holdens erste „Idylle", die von ihm jedoch gleich anschließend entschieden abgelehnt wird – seine folgenden Idyllen sind demgemäß wesentlich realitätshaltiger. Zum anderen läßt sich die am Ende dieser Stunde vorgesehene freie Diskussion weitaus besser

an die konkreteren Aussteigerphantasien und -pläne Holdens anschließen.
Tod und Selbstmord als extremste Formen des Eskapismus tauchen in dem Roman nur am Rand auf und brauchen daher nicht unbedingt behandelt zu werden. Im Stundenverlauf wird zwar dafür ein Vorschlag gemacht, aber nicht als verbindlicher Unterrichtsschritt ausgewiesen und auch im Stundenblatt nicht aufgeführt.
Insgesamt sollte diese Stunde relativ locker geführt werden, denn sie berührt ein Problem, das sicher auch viele Schüler schon beschäftigt hat oder noch beschäftigt. Wenn also das gegenwärtige Aussteigerproblem schon früher als hier vorgesehen angesprochen wird, sollte der Lehrer diese Entwicklung keinesfalls abblocken. Das persönliche Engagement der Schüler ist schließlich wichtiger als die minutiöse Abarbeitung eines präfabrizierten Unterrichtsplans!

Notes on interpretation

"'Boy, do I hate it', I said. 'But it isn't just that. It's everything.'" (p. 136)
This is Holden's depressing résumé of his inner state and, at the same time, of his attitude to society. (Cf. also our discussion of p. 176 in chapter 7.) By now, we know the novel well enough to understand this strong emotional reaction: Holden has several times failed at school, despises the grown-up world as "phoney", is unable to establish satisfactory communication with anybody, and has serious problems with his awakening sexuality. Although the problems are partly different, this global and almost aggressive rejection of established society finds its counterpart in today's "Null Bock"-generation.
A person in Holden's situation has different options for solving such an almost unbearable antagonism towards society:

1. He can commit suicide. This is the most radical way, probably often theoretically envisaged but fortunately seldom realized.
2. He can retreat from society in different ways.
3. He can fight society in order to change it, to try to adapt it to his own needs and values. This is the political solution, chosen by the young generation of the late sixties but unsuitable for Holden with his essentially unpolitical, individualistic perspective.
4. He can adapt himself to society. This solution is open to contrary evaluations. Seen from the point of view of established society, this adaptation is the essence of the process of growing-up. Judged from an unmitigated idealistic position, it is equal to self-corruption, to a betrayal of one's own personality.

In spite of his deep desperation, Holden has never seriously considered suicide for himself. The only occasion on which he refers to it (p. 110) – after his humiliating defeat by Maurice, the lift boy – is in no way representative for his general psychic disposition. Nevertheless, Holden's love for the Museum of Natural History (pp. 125–128; cf. also the "mummies" pp. 209–211) and the lifeless statics of its exhibits ("The best thing, though, in that museum, was that everything always stayed right where it was." p. 127) displays a definite longing for a spiritual condition analogous to death. Yet, Holden's underlying motivation is less a kind of secret death-wish than his need for a stabile point of reference which would allow him reliable orientation in the irritating flux of life around him and of his own state of fundamental transition. Apart from that, the museum or his memories of it, has two other important qualities: It represents, on the symbolic plane, a kind of cosy home for the outcast in the "rain" who doesn't know "where to go" (cf. pp. 160, 201). And the museum is a place full of memories of a happy childhood. Yet, with all its attractiveness, the museum offers no real solution for Holden's problems as he subconsciously realizes: "Then a funny thing happened. When I got to the museum, all of a sudden I wouldn't have gone inside for a million of bucks." (p. 128)

Holden's rejection of the static idyll of the museum is immediately followed by another vision of escape (pp. 136–140), considerably more affirmative of life. The dialogue with Sally is indeed a crucial passage in this novel in that it summarizes Holden's general dissatisfaction and offers at the same time his positive alternative (life in Vermont). Both ways of life may be summed up in the following three polarities:

1. Large noisy city vs. peaceful life in a beautiful landscape.
2. Unsatisfactory brainwork (school, office job) vs. satisfying manual labour ("cut our own wood").
3. Superficial saturated (and phoney) middle-class life vs. "real" life ("a terrific time").

Naturally, Holden's criticism of society is much more substantial and vivid than his romantic vision of a simple life close to a brook.

Holden is really enthusiastic about his "idea" and therefore all the more disappointed when Sally confronts his deep emotions with cool, grown-up rationality. As the continuation of the dialogue shows, the two young people are not ready or unable to understand the other partner's point of view. Holden ignores Sally's pragmatic objections, while Sally, being less dissatisfied and much more adapted than Holden, is not able to see Holden's main aim, i. e. the escape from a life and a society which are unbearable for him. Sally's suggestion to postpone the plan is not acceptable to Holden because he fears he may have been hopelessly corrupted by then: "It'd be entirely different." (p. 139). This danger of corruption is later very vividly depicted in Holden's reflections on lawyers (pp. 178/179): "How would you know, you weren't being phoney? The trouble is, you *wouldn't.*" (p. 179).

The geographical setting of Holden's second escape plan ("deaf – mute out west", p. 205) doesn't differ much from the Vermont idyll: pretty landscape, a little cabin at a sunny place, an unpretentious job at a filling station. On the social level, though, it contains two new qualities. Holden's intended pretence to be deaf mute – in order to finally get rid of all these "goddam stupid useless conversations" (p. 205) – comes close to a total renunciation of communication, implying an absolute retreat from society. This radical break reflects the failure of his many communicative attempts. Nevertheless, Holden apparently is not a born hermit and his plan has therefore provided for the marriage to "this beautiful girl that was also a deaf-mute" (p. 205). Without straining the implications of the text too much, we may recognize in the marriage to a beautiful girl Holden's attempt to reconcile the antinomy of sex and love in the bourgeois institution of marriage. Holden's attempt "to have the cake and eat it" in this way, i. e. to refuse communication but, at the same time, to live together with a partner (and even to have children) invests his plan with farcical overtones. It is certainly not the product of a profound thinker – and his poor teachers would have been indeed very much surprised at his intention to teach his children by means of "a lot of books".

Holden's third escape vision ("my cabin", p. 211), immediately before his actual leaving, comes closest to a loose kind of social integration: the whole passage deals mainly not with an idyll of seclusion but with his future relationship to his family and other people. The crucial point of this vision is that Holden no longer is the object of existing social rules but an autonomous subject

who sets his own rules, mainly: "No phoniness!"
In a later chapter we will have to integrate Holden's partial return to society into the larger frame work of his overall "development" in this novel.

Verlauf der Stunde

1. Unterrichtsschritt:
Erarbeitung des Themas der Stunde

Einleitend faßt der Lehrer kurz die bisher zu Tage getretenen Probleme Holdens (Desorientiertheit, Scheitern der Kommunikationsversuche, Widerwillen gegen reine Sexualität, Leiden an der Oberflächlichkeit und "phoniness" der Gesellschaft) zusammen, um den Schülern die Komplexität und Ausweglosigkeit von Holdens Situation in New York vor Augen zu führen. Diese Einleitung schließt mit der Frage, wie Holden auf seine verzweifelte Situation reagiert. Die Antworten der Schüler werden an einer Seitentafel festgehalten. Aus der Verallgemeinerung der Nennungen ergibt sich das Thema der Stunde, das zugleich Überschrift für den Tafelanschrieb ist. Wenn die Schüler das Museum als Fluchtort nicht erwähnen, sollte es der Lehrer selbst einführen.

2. Unterrichtsschritt:
Das Museum als statische Idylle

Genaugenommen handelt es sich um zwei Museen, das Museum of Natural History (S. 125) und das Museum of Art (S. 207). Dieser lange Zeit auch von der Sekundärliteratur übersehene Tatbestand kann hier ignoriert werden, da er interpretatorisch nur sehr schwierig auszuwerten ist.
Der zweite Schritt beginnt mit der Lektüre zweier Auszüge aus Holdens Erinnerungen an seine regelmäßigen Besuche des Museum of Natural History als junger Schüler (S. 125: "Even though it was Sunday..." bis S. 126: "I loved that damn museum." und S. 127: "The best thing, though, in that museum..." bis S. 128 unten: "... but she wasn't.") Die Gründe, warum Holden das Museum gern hat, sind schnell gefunden. Etwas schwieriger dagegen ist es, die Bedeutung des Museums als Fluchtort für Holden herauszuarbeiten. Ein Hinweis auf Klöster mit ihrer streng geregelten, immer gleichen Alltagsroutine kann hier hilfreich sein, – ohne allerdings beide Formen des Rückzugs aus der Alltagswirklichkeit gleichzusetzen. Die von Holden hervorgehobenen besonderen Qualitäten des Museums (protection / cosiness / stability, und damit leichte Orientierung) sind Indizien dafür, welche Defizite (desorientation; instability; outcast without protection) Holdens Situation aufweist.
Die zweite Museumsszene (S. 210: "mummies") unterstreicht Holdens Sehnsucht nach – endgültigem (?!) – Frieden, ist aber in diesem Zusammenhang wenig ergiebig.

Erweiterungsmöglichkeit:
Holdens Einstellung zu Tod/Selbstmord

Das Motiv des Todes schließt sehr direkt an die Statik des Museums an: Der Tod als Extremform von Statik und Eskapismus. Das Problem spielt keine zentrale Rolle in dem Roman – Holden ist kein Selbstmördertyp –, es sollte aber der Vollständigkeit halber als logische Konsequenz aus Holdens Vorliebe für das Museum und als von Jugendlichen häufig (wenn auch meist nur hypothetisch) erwogener Ausweg kurz gestreift werden. Die Passagen, in denen Holden an Selbstmord denkt (S. 51, 85, 110) werden den anderen Stellen, in denen es um Tod geht (S. 41f., 151–163, 203, 210) gegenübergestellt, um zu zeigen, daß der Tod für Holden keine attraktive Lösung ist. Die letzten beiden Passagen scheinen auf unbewußte Todessehnsucht Holdens hinzudeuten. Dem widerspricht aber, daß Holden sich zu diesem Zeitpunkt nicht nur psychisch, sondern auch physisch in einer prekären Situation befindet: Im Sanatorium wird er wegen Tb behandelt.

Die Behandlung dieses Problems könnte mit einer sehr globalen Frage beginnen, die je nach Reaktion der Schüler in bezug auf einzelne Passagen unterschiedlich konkretisiert werden muß.

3. Unterrichtsschritt:
Analyse von Holdens erstem Fluchtplan (Vermont)

In der Textpassage (S. 137 ff.) werden Holdens eskapistische Tendenzen, deren Ursachen und Problematik besonders deutlich, weil Holden in Sally eine kompetente Antagonistin findet. Die Szene sollte deshalb nach der Lektüre ausführlich behandelt werden. Sie wird zunächst mit verteilten Rollen gelesen und dann im Unterrichtsgespräch analysiert. Da von Sally die Realisierbarkeit von Holdens Plänen angezweifelt wird, kann es u. U. schon hier zu einer lebhaften Diskussion über die Aussteigerproblematik kommen. Zu diesem, im Stundenblatt skizzierten Unterrichtsverlauf ist folgende reizvolle Variante denkbar: Die Szene wird in Stillarbeit gelesen, anschließend wird sie von zwei Schülern oder besser zwei Schülergruppen frei nachgespielt. Dabei sollte es nicht um eine akkurate Reproduktion des Textes gehen – vielmehr sollten in das Streitgespräch möglichst auch eigene Argumente der Schüler einfließen. Das schließt ein, daß das Gespräch auch über den von Holden und Sally im Roman erreichten Punkt hinausführt, daß sozusagen eine zweite und ggf. dritte Argumentationsrunde angeschlossen wird. Die von Holden erfahrenen Defizite (Stein- und Verkehrswüste der Großstadt, leere Routine des Schul- und Büroalltags, Oberflächlichkeit des middleclass life) und die dagegen projizierten Qualitäten der Utopie (Handarbeit in freier Natur) werden in der besprochenen Passage direkt benannt.

Holdens 2. Fluchtplan, Arbeit auf einer Ranch in Colorado (S. 172), bringt nichts Neues, es genügt daher, wenn er lediglich erwähnt wird.

4. Unterrichtsschritt:
Analyse von Holdens beiden anderen Fluchtplänen ("deaf mute" und "my cabin")

Dieser Schritt stellt die unmittelbare Fortsetzung des vorhergehenden dar. Beide Passagen (S. 205 f. und 211) werden jeweils gemeinsam gelesen und dann kurz im Hinblick auf ihre Charakteristika besprochen und mit den jeweils anderen beiden Fluchtphantasien verglichen, so daß am Ende an der Tafel ein klarer Überblick über Holdens eskapistische Tendenzen vorliegt. Bei der Besprechung der "deaf mute"-Szene sollte unbedingt die Querverbindung zum Thema „Kommunikation" (5. Stunde), bei "my cabin" die Verbindung zum Thema "phoniness" (7. Stunde) hergestellt werden.

5. Unterrichtsschritt:
Brückenschlag zur Lebenswirklichkeit der Schüler

Wenn sich schon im 3. Unterrichtsschritt eine längere Diskussion ergeben hat, kann dieser Schritt kurz gefaßt werden oder ganz entfallen.

Ziel dieses abschließenden Schrittes ist es, die Verbindung zwischen der – fiktiven – Romanwelt und der Lebenswelt der Schüler herzustellen. Das fiktive Exempel dient dabei als Stimulus und Folie zur Bewußtmachung und Klärung der eigenen Positionen der Schüler.

Zunächst sollen die Schüler Holdens „Utopien“ beurteilen. Dabei kann auf Holdens Diskussion mit Sally (S. 136–140) zurückgegriffen werden. Dieses Gespräch kann dann unmerklich in eine Diskussion *zwischen den Schülern* über eigene Positionen und Probleme übergehen.
Die Aufgabe des Lehrers besteht hier lediglich darin, die Diskussion durch einige Stimuli in Gang zu setzen bzw. zu halten. Vgl. dazu die Vorschläge auf dem Stundenblatt.

10. Stunde: Kinder und Kindheit

Didaktische Vorbemerkungen

Die Regression in die Kindheit ist im Grunde Holdens zentrale eskapistische Vision. Für ihn selbst ist die Kindheit als Zustand der „Unschuld“ zwar endgültig vorbei, aber er möchte ihn, wie sein „Catcher-Traum“ symbolisch zeigt, allen, die noch nicht so weit sind wie er, bewahren. Insofern knüpft diese Stunde thematisch eng an die vorhergehende an. Sie hat zwei inhaltliche Schwerpunkte:
(1) Zum einen gilt es, die Kinder bzw. die Kindheit als Holdens positives Gegenbild zur Erwachsenenwelt herauszuarbeiten. Holdens Verhältnis zu seiner Schwester Phoebe kommt dabei exemplarische Bedeutung zu. Die Textbasis für diesen Stundenteil bilden zwei längere Passagen (S. 71–73 und 164–187), die zuvor als Hausaufgabe gestellt worden sind. Im Mittelpunkt steht die Ermittlung der positiven Eigenschaften von Phoebe. Holdens Kritik an der Erwachsenenwelt sollte bei diesen Überlegungen als – negative – Hintergrundfolie verwendet werden.
(2) Zum anderen geht es um eine genaue Untersuchung des Catcher-Motivs, das dem Roman seinen Titel gegeben hat. Erst von dieser Passage her wird Phoebes exemplarische Bedeutung als Kind par excellence richtig deutlich, denn andernfalls könnte es sich bei Holden und Phoebe auch um eine besonders enge Zuneigung zwischen Geschwistern handeln. Die Betrachtung des Catcher-Motivs wird eingeleitet mit einer Untersuchung des Jungen, der das Lied singt (S. 127f.) und in seiner Unbekümmertheit zugleich eine wesentliche positive Qualität von Kindheit verkörpert. Es folgt dann die genaue Analyse von S. 179f. Die Stunde schließt mit einer kritischen Erörterung von Holdens Catcher-Traum. Dabei sollten die Schüler aufgefordert werden, auch ihr eigenes Verhältnis zur Kindheit bzw. zu Kindern einzubringen.
Der letzte Schritt, die Einbeziehung des Burns-Gedichtes, ist für das Verständnis des Romans nicht entscheidend und kann daher bei Bedarf weggelassen werden.

Notes on interpretation

Usually, it is the prerogative of elderly people and/or romantic poets (cf. Wordsworth's “Intimations of Immortality from Recollections of Early Childhood”) to look back to childhood as a state of graceful paradise, of innocence and creative spontaneity. Adolescents, on the other hand, are mostly desperately fighting against grown-ups who obstinately seem to perceive them still as children. In that respect, Holden's repeated unsuccessful orders for alcoholic drinks conform with general expectations. His apparent nostalgic preference for children, though, is rather unique.
Holden's best and only friend is not a boy (or girl) of his own age but his 10-year old kid sister Phoebe. After his arrival in New York, Phoebe is in two cases one of the first persons who come to his mind as possible

partners for communication (cf. p. 63, 71). And again, she is the only person he is anxious about when he is afraid of dying (cf. pp. 163). Phoebe's outstanding significance for Holden is finally underlined by the large space Holden has devoted in his report to his sister.

Holden's introduction of his sister (pp. 71–73) is full of loving enthusiasm and admiration: She is "somebody with sense and all" (p. 71) – in contrast to those many people with whom Holden tried in vain to have "a nice intelligent conversation". She is "pretty and smart" (p. 71), she is attentive (p. 174, contrast: Old Bernice: "She wasn't even listening to me", p. 75), understanding, and has a good sense of quality (e. g. recognizes good movies at once, p. 72). In addition, she is a good dancer, very spontaneous and imaginative ("writes books all the time", p. 72) and generous (offers all her savings, p. 185). Her only – really pardonable – fault is that "She's a little too affectionate sometimes" (p. 72). With her brilliant exposure of Holden's almost masochistic misanthropy (p. 176) Phoebe additionally qualifies (though more for the reader than for Holden) as a competent judge of human nature. This impressive number of positive qualities is further stressed by Holden's frequent addresses to the reader which try to talk him into liking Phoebe in the same way he does himself (e. g. alone 3 times on p. 72). Apart from being together with Jane, the meeting with Phoebe is the only occasion on which Holden is really happy and at ease.

Seen in isolation, this relationship may appear as an especially intense affection between brother and sister. But at least two other examples disprove this conclusion as premature. There is first Holden's dead brother Allie (pp. 41–42) with his outstanding intelligence, his idiosyncratic love for poetry (cf. his baseball mitt), his excessively startling red hair, his inherent niceness and gaiety. And second, there is the boy who sings, as it were, the title-song (p. 121–122). This little scene is very impressive in that it demonstrates in exemplary fashion the strong enlivening effect of children on Holden: By the appearance of this little boy the dreary early afternoon is suddenly brightened for Holden: "It made me feel better. It made me feel not so depressed any more." (p. 122). It is not the song itself which so considerably improves Holden's mood but the boy's gaiety, his self-sufficiency and disregard of (grown-up) traffic rules.

Apart from very few exceptions, the only positive figures in this novel are children. I. e. apart from rather shallow escapistic notions, the only positive alternative to the depraved world of grown-ups with their inability to communicate, their phoniness and crumbiness is the – seemingly (!) – happy and innocent but by force of nature transitory state of childhood.

Holden's inner situation at this point is really absurd: he rejects his certain future (i. e. growing up) and longs for his irrecoverable past (i. e. childhood). It is Phoebe's merit, as it were, to expose this problem to Holden, and even more to the reader. She not only forces Holden to realize his misanthropy but also refutes his regressive arguments as incompatible with reality: "Allie's *dead*... then it isn't really –", and: "That [chewing the fat with Phoebe] isn't anything *really*!" (p. 178) Although Holden is struck by this exposure of his isolation ("Boy, was she depressing me", p. 176), he stubbornly refutes Phoebe's objection that dead people and children are no adequate (e. g. real) companions for a boy of his age: "Why the hell isn't it? People never think anything is anything *really*. I'm getting goddam sick of it." (p. 178). With her next challenge ("Name something you'd like to *be*.", p. 178), Phoebe leads Holden to the realization of the absurdity of his inner situation: "I know it's crazy, but that's the only thing I'd really like to be. I know it's crazy." (p. 180). The only projection for his future Holden can think of is something impossible (to be "the catcher in the rye").

The catcher-vision really works on two levels. On the realistic plane, it represents a totally unreal situation, on the symbolic plane it is based upon an unattainable aim, i. e. to prevent children from growing up. Thus, Holden's catcher-vision represents the symbolic formulation of a central dream of education, i. e. to protect children forever from the negative influences of the world outside. The realization of Holden's idea presupposes that the child obeys his parents and that the parents can fend off all negative influences. As the novel impressively illustrates, both presuppositions are unrealistic. In the immediate continuation of the dialogue, Holden proves himself wrong by his own refutation of parental authority: "'Daddy's going to kill you.' – 'I don't give a damn if he does,' I said." (p. 180) The meaning of this short scene, of course, can only be realized by the reader. The irresistable force of the outside world, though, Holden consciously experiences himself when he finds obscene graffiti in Phoebe's school and tries to rub them off: "It drove me damn near crazy. I thought how Phoebe and all the other little kids would see it, and how they'd wonder what the hell it meant . . . and how they'd all *think* about it and maybe even *worry* about it for a couple of days. I kept waiting to kill whoever'd written it." (p. 207) And: "It's hopeless, anyway. If you had a million years to do it in, you couldn't rub out even *half* the '– you' signs in the world. It's impossible." (p. 208; cf. p. 210). Here already, Holden has really resigned as "catcher in the rye". "Crumbiness", one of the central negative qualities of the world of grown-ups, proves to be omnipresent. We will consider later on, what conclusions Holden draws from this experience. Holden's catcher-idea is further questioned by Phoebe's correction of his quotation of Burns (p. 179): To "catch" somebody ("a body"), of course, is authoritarian: the person to be caught is not granted any self-determination. Usually we "meet" somebody on equal terms, i. e. grant our partner at least a certain amount of self-determination and free will. Thus, the self-appointed protector is given a lecture by his protégé!

Both, Holden and Phoebe, apparently know their Burns well – all the young members of the Caulfield family, by the way, exhibit quite a remarkable knowledge of English literature (cf. p. 22, 116, 146) – but not well enough. Thus, it is possible for Salinger to crack a really bad joke at the expense of his hero who is made to use a line from a very bawdy ("it really is"!) song to describe his very honourable intention to save children from grown-up "crumbiness". Nothing could be more illustrative of the ambivalent and opaque character of the grown-up world than this sophisticated pun (cf. the text of the song on p. 51).

Verlauf der Stunde

1. Unterrichtsschritt: Phoebe als positives Gegenbild zur Erwachsenenwelt

Zunächst einmal wird Phoebes hervorgehobene Stellung als Holdens einzige Vertraute im Roman bestimmt. Dabei sollte auch deutlich auf den großen Altersunterschied zwischen Holden (16) und seiner Schwester (10), der das Außergewöhnliche an dieser Beziehung darstellt, hingewiesen werden. Die Frage nach den Gründen für Phoebes Sonderstellung in Holdens Leben führt dann von selbst zur Frage nach ihren besonderen Qualitäten, durch die sie für Holden zum positiven Gegenbild zur Erwachsenenwelt wird (vgl. Hausaufgabe). Die Nennungen werden zunächst der Reihe nach auf eine Seitentafel geschrieben, dann geordnet und zusammengefaßt und in den Tafelanschrieb überführt. Wenn die Schüler nicht selbst auf den Gegensatz Phoebe – Erwachsenenwelt kommen, muß gezielt nach der Relation zwischen Phoebes Qualitäten und denen der Erwachsenenwelt gefragt werden.

2. Unterrichtsschritt:
Kontrastierung von Kindheit und Erwachsenenwelt

Dieser Schritt soll den repräsentativen Charakter der Phoebe-Figur deutlich machen bzw., falls er schon zuvor erwähnt worden ist, zusätzlich belegen. In Frage kommen hier in erster Linie zwei Figuren, Holdens Bruder Allie (S. 41–43) und der Junge, der das Catcher-Lied singt (S. 121 f.). Die beiden Figuren sollten in dieser Reihenfolge besprochen werden, da die zweite Passage eine gute Überleitung zum folgenden Schritt darstellt. Auf Allies zusätzliche symbolische Bedeutung muß in diesem Zusammenhang nicht eingegangen werden.

3. Unterrichtsschritt:
Analyse des Catcher-Motivs

Wichtig für die Betrachtung von Holdens „Catcher-Traum“ (S. 179 f.) ist der Hinweis auf den Kontext dieser Textstelle, durch den sie erst ihr großes Gewicht erhält: Nachdem Holden nur drei Personen nennen konnte, die ihm gut gefallen, wird er jetzt nach einem Beruf gefragt, den er gern hätte. Holdens Rückzug auf einen fiktiven Beruf impliziert zugleich eine Ablehnung aller realen Berufe. Die Passage wird zunächst gemeinsam gelesen und in ihren Kontext gestellt. Dann wird über ihre Bedeutung, speziell über die Gefahr, die die Klippe für die Kinder darstellen soll, gesprochen. Die offensichtliche Bedeutung dieses Motivs – Holden als Beschützer leichtsinniger Kinder – dürfte unter den Schülern nicht kontrovers sein, im Gegensatz zur symbolischen Interpretation des Falls über die Klippe als Fall in die ‚Dekadenz‘ der Erwachsenenwelt. Der Lehrer kann zur Stützung seiner Interpretation auf Holdens extreme Reaktion auf das Graffito “– you” in Phoebes Schule (S. 207) verweisen, die deutlich macht, daß Holden die Kinder u. a. vor dem Schmutz der Erwachsenenwelt (vgl. das Motiv der “crumbiness” in der 6. Stunde) bewahren will.
Es bleibt schließlich noch die Interpretation von Phoebes ‚textkritischer‘ Anmerkung: “meet” statt “catch”. Zum Verständnis dieses Unterschieds muß man etwas von der konkreten Situation abstrahieren, da die Ersetzung von “catch” durch “meet” in Holdens „Catcher-Tätigkeit“ keinen rechten Sinn ergeben würde. Am besten gibt man eine allgemeine Situation (z. B.: ein Vater will sein Kind vor etwas bewahren) vor und erörtert, welche unterschiedlichen Formen der Beziehung zum anderen den beiden Verben entsprechen.

4. Unterrichtsschritt:
Kritische Bewertung von Holdens Catcher-Traum

Da Holdens Catcher-Traum im Roman selbst nicht explizit bewertet wird, sollte dieser Schritt in einer abschließenden Diskussion vollzogen werden. Dabei geht es hier noch nicht um die Frage, ob die Ideale, die hinter Holdens Vision stehen, sinnvoll sind (vgl. dazu die 14. Stunde), sondern nur darum, welche Seelenlage in einer solchen Vorstellung zum Ausdruck kommt und welche Konsequenzen eine solche Einstellung zu Kindern haben kann. In diesem Zusammenhang sollten die Schüler aufgefordert werden, auch ihre Einstellung zu Kindern und zur eigenen Kindheit zu artikulieren. Ausgangspunkt für diese Diskussion könnte

Comin thro' the rye

Comin thro' the rye, poor body,
Comin thro' the rye,
She draigl't a her petticoatie
Comin thro' the rye.
Oh Jenny's a weet, poor body,
Jenny's seldom dry:
She draigl't a' her petticoatie
Comin thro' the rye.

Gin a body meet a body
Comin thro' the rye,
Gin a body kiss a body
Need a body cry.
Cho. Oh Jenny's a' wet, & c.

Gin a gody meet a body
Comin thro' the glen;
Gin a body kiss a body
Need the warld ken!
Cho. Oh Jenny's a' weet, & c.

Robert Burns

die Frage sein, warum Holden eine solche merkwürdige Vision entwickelt hat und was von ihr zu halten ist. In diesen Zusammenhang gehört auch der Hinweis darauf, daß das Catcher-Motiv durch den Romantitel ein zusätzliches Gewicht erhält.

Erweiterungsmöglichkeit:
Das Gedicht von Robert Burns

Wenn die Klasse gut mitmacht und noch genügend Zeit übrig ist, kann am Ende kurz auf das Gedicht von Burns, dem die Catcher-Zeile entnommen ist, eingegangen werden. Das Gedicht selbst braucht nicht detailliert erörtert zu werden – es genügt, wenn die Schüler den erotischen Grundtenor des Gedichts verstanden haben. Deutlich herausgearbeitet werden muß dagegen, mit welcher Intention sich der Autor auf diese Weise über seine Hauptfigur lustig macht.

11./12. Stunde: Antolini und seine Lehre

Didaktische Vorbemerkungen

Dem 24. Kapitel, Holdens Dialog mit Antolini, kommt in *Catcher in the Rye* eine besondere Bedeutung zu, weil es die einzige positive Position, das einzige Sinnangebot dieses Romans enthält. Trotzdem sollte Antolinis „Lehre“ nicht vorschnell mit der Position des Autors identifiziert bzw. als zentrale Aussage des Romans interpretiert werden.

Da der Inhalt von Antolinis Ausführungen einer genaueren Analyse bedarf, wird das Kapitel unter zwei verschiedenen Aspekten betrachtet: Einmal in seiner dramatischen Funktion als Teil von Holdens Lebensgeschichte, zum anderen in seiner thematischen Funktion als Sinnangebot. Analog zum Aufbau des Kapitels bildet die dramatische Perspektive den Rahmen für die thematische Perspektive: In einem ersten Schritt wird zunächst die Stellung dieses Kapitels in Holdens Biographie und Holdens Verhältnis zu Antolini geklärt. Es folgt ein umfangreicher zweiter Schritt, in dem Antolinis „Lehre“ eingehend besprochen wird. Da diese keine systematische Einheit besitzt, sondern aus verschiedenen Thesen eklektisch zusammengesetzt ist, sollte jede These einzeln interpretiert und auch kurz diskutiert werden. Bei der Erörterung von Antolinis Hymne auf den Wert von Bildung darf der Lehrer ruhig rot werden – eine derart uneingeschränkte Rechtfertigung seiner Tätigkeit dürfte ziemlich einmalig in der Literatur sein. Insgesamt muß bei diesem Schritt darauf geachtet werden, daß durch die wiederholten Diskussionen nicht der zeitliche Rahmen der Stunde gesprengt wird.

Bei einer sehr engagierten und diskussionsfreudigen Klasse sollte für dieses Thema nach Möglichkeit eine Doppelstunde vorgesehen werden. Falls dies nicht möglich ist, kann die erste Stunde mit der Besprechung des Stekel-Zitats beendet werden.

Obwohl das Kapitel als Hausaufgabe zu rekapitulieren war, müssen sicher einzelne zentrale Passagen noch einmal in der Stunde gemeinsam gelesen werden – welche, das hängt vom tatsächlichen Verlauf der Stunde ab. Eine kurze Betrachtung von Holdens Reaktionen während dieses Dialogs schließt sich als dritter Schritt an. Der szenische Rahmen dieses Kapitels wird abgeschlossen mit einer Besprechung von Antolinis vermeintlicher (oder tatsächlicher) homoerotischer Handlung und deren fatalen Konsequenzen.

Notes on interpretation

During his last meeting with Phoebe (before leaving his family and established society for good) in the middle of the night Holden suddenly makes an appointment with his former teacher Antolini. As he offers no explanation for this action, the reader has to infer possible reasons from Holden's general spiritual situation which is marked by the seemingly insoluble antagonism of the rotten adult world – full of phoniness and crumbiness – and the irrecoverable paradise of childlike innocence. Before this background, Holden's contacting of Antolini may be seen as his very last attempt to find a kind of spiritual guidance which may make his escape to a nebulous future "in the west" unnecessary at the last moment. The wise man, giving illuminating advice to the unexperienced disciple, is a scene frequent in „Bildungsromanen“, with the remarkable difference, that in our case the wise man is almost drunk and the disciple dead tired. Yet, of all grown-ups who make their appearance in this novel, Antolini certainly is the most promising person to be accepted by Holden as spiritual guide: He is "about the best teacher I ever had" (p. 181), he is friend and authority at the same time, he has a good sense of humour, and has proven his essentially unphoney humaneness by his care for James Castle (p. 181; cf. the biblical story of the good Samaritan). Additionally, he shares Holden's negative opinion of his brother's work for Hollywood, the centre of phoniness, as it were. Thus, we may be sure that Holden went to this meeting with very high expectations. All the greater must be his later disappointment.

Holden is several times criticized for needing to grow-up (cf. Ackley, p. 25; Old Luce, p. 150), for being spiritually immature (cf. Old Luce, p. 153), for his lack of direction in life (cf. Sally's mother, p. 63) and his lack of concern for his future (cf. Old Spencer, p. 18). Antolini, implicitly diagnosing the same defects, supplies the hitherto missing explanation of maturity and the ways to attain it. Although Antolinis "sermon" is more eclectic than systematical, its parts combine to form an essentially rationalistic philosophy of life, based on the values of self-knowledge, purposefulness, diligence, ethical pragmatism, and cultural tradition.

The following closer examination of the text is to verify this summarization and may also display the respective presuppositions of Antolini's statements. Following the division of the text, we have four topics to discuss: "digression", the "terrible fall", the quotation by Stekel, and Antolini's rather complex elaborations on the benefits of formal or academic education.

"Digression": Certainly nobody, not even Holden, will doubt that sticking to the point, unification and simplification are virtues of thought and in conversation. Yet, as Holden's objections suggest, life is more than pure rationality – it has also to do with emotions and creativity, and is in itself a permanent flux of ideas, emotions and interests. Although Holden is made to agree to Antolini's position in the end, he has not really been convinced by it, as his "digressive" way of narration displays. (Cf. Lawrence Sterne's *Tristram Shandy,* where digression is the central narrative device).

"Terrible Fall": Antolini's examples clearly indicate that the fall is not a fall over the cliff into the adult world as Peter Freese holds but the slow degeneration into a state of utter frustration and dissatisfaction with one's own position in life. It is the punishment, as it were, for people who resigned too early in finding and realizing their aim(s) in life: "They gave it up before they ever really even got started." (p. 194) While Antolini's rejection of digressions is a plea for constancy of purpose, his warning of the terrible fall is a vote for diligence and stamina. As the first maxim, it is based on the assumption that a successful and/or happy life depends on the logical pursuit of a single, long-ranging plan or aim.

"Stekel quotation": This citation qualifies the first two maxims in that it postulates sensible pragmatism instead of heroic idealism in pursuing one's aim. This, of course, is a smack in the face to all revolutionaries and is, with respect to Holden, directed against his ethical "either/or" rigidity, his inability to compromise, and his state of sickness and confusion over human behaviour (p. 196).

"Education": Above all, Holden must at once discover and purposefully pursue an aim for his life. As the best means for this goal Antolini recommends academic education. The help Antolini promises Holden will find there is three-fold:

1. Consolation and information from the records of men with problems similar to Holden's.
2. A meaningful task for his own life, i. e. to continue and further the process of spiritual progress.

3. Self-knowledge, a knowledge of "what kind of thoughts your particular size mind should be wearing" (p. 197).

The last promise has almost the same wording as Old Luce's description of psychoanalysis that "helps one to recognize the patterns of one's mind" (p. 154). But the apparent similarity is deceptive. What Old Luce is really aiming at is adjustment (p. 154), while Antolini favours conscious selection, the pivot being the individual, not society. Old Luce's intention is more in line with Mr. Spencer's view of life as "a game that one plays according to the [prescribed] rules" (p. 13).

Although Antolini advocates self-realization, he delimitates this search considerably by confining it to the academic sphere. Other possibilities such as self-realization in a job, a profession, a hobby, or in art or politics are neglected. As his defence of educated and scholarly men shows, Antolini is at least conscious of other dimensions but is not prepared to accept them as equivalent when he speaks of "men who are *merely* brilliant and creative" (p. 196). Unfortunately, Holden is by that time too tired or still generally unable to question this position. Antolini's monologue anyhow largely surpasses Holden's "size of mind": though he understands the digression part he misses the point of Antolini's description of the "terrible fall" (cf. his reference to his changing feelings for football players and other people, p. 194). Later on, he confines himself only to short interjections. On page 195, he explicitly doubts the adequacy of his understanding of Antolini's elaborations. Holden's intellectual capacities are additionally hampered by his headache and growing fatigue. Considering the last twelve hours, Holden's bad condition is not surprising at all. Yet the all too frequent references to it seem to indicate that his fatigue is also psychically induced: he feels uncomfortable being so intensely questioned and admonished. This assumption is further strengthened by a comparison of this dialogue with that between Holden and Mr. Spencer: on the surface, the constellation of characters (sympathetic teacher – lazy pupil) is rather similar. And in that scene, too, Holden is made to feel very awkward by Mr. Spencer reading him his essay. But as Holden does not really accept Mr. Spencer, he can shun the awkwardness of the situation by "shooting the bull" thus proving his superiority. With Antolini, this kind of evasion is not possible – because Holden accepts him and is really interested in what he has to say (cf.: he, who loses almost everything, very carefully keeps the slip of paper with the Stekel-quotation). His growing fatigue is an unconscious substitute for an openly evasive strategy.

Holden's extremely positive judgment of Antolini and his advice ("'You and Mrs. Antolini really saved my life tonight.'", p. 198) seems to forebode an early happy end. But this chance for recovery is suddenly destroyed by Antolini's later seemingly homosexual advances. Holden is shocked to death and flies from Antolini as from a nightmare. The intensity of his shock is stressed by Holden's following remark: "I think I was more depressed than I ever was in my whole life." (p. 201).

To some readers, Holden's strong reaction to this incident may appear exaggerated and hysterical. Yet, in the context of the novel, it is well motivated by Holden's latent fear of "crumby" sex (which for him probably includes homosexuality) and his rigorous search for human perfection.

After some hours sleep, the first shock gives way to nagging doubts as to the adequacy of his interpretation of the incident ("maybe I was wrong about thinking he was making a flitty pass at me", p. 201) and to his implicit negative judgment on Antolini: ". . . even if he was a flit he certainly'd been very nice to me" (p. 202). The encounter with his potential spiritual saviour, in the end, has led him into even deeper confusion and depression. Yet, this scene also contains a first germ of recovery in that it is the only occasion on which Holden comes close to an acceptance of the general imperfection of man.

Verlauf der Stunde

1. Unterrichtsschritt:
Antolinis Bedeutung für Holden

Ziel dieses ersten Schritts ist es, die Gründe für Holdens Besuch bei Antolini zu klären und so den Stellenwert des 24. Kapitels in der Romanhandlung zu bestimmen. Im Grunde handelt es sich um Holdens letzten Versuch, in der Erwachsenenwelt Hilfe und Orientierung zu finden. Die Schwierigkeit liegt darin, daß Holden selbst keine Gründe für seine Verabredung mit Antolini angibt, daß diese vielmehr vom Leser erschlossen werden müssen. Deutlich herausgearbeitet werden muß deshalb einmal Holdens gegenwärtige – verzweifelte – Lage und seine – außergewöhnlich positive – Einschätzung Antolinis. Es sollte klar werden, daß Holden mit sehr hohen Erwartungen in dieses Gespräch geht – nur dann wird seine spätere Reaktion (und deren Konsequenz) auf Antolinis „Homosexualität" verständlich. Insofern ist dieser erste Schritt zugleich die Vorbereitung für den vierten Schritt. Methodisch erscheint es hier zweckmäßig, zunächst mit einer relativ unspezifischen Frage einzusteigen, die dann bei Bedarf durch Zusatzfragen (vgl. Vorschläge auf dem Stundenblatt) konkretisiert wird.

2. Unterrichtsschritt:
Analyse von Antolinis Ratschlägen

Antolinis Ausführungen sind zwar eklektisch, aber relativ klar gegliedert, so daß sich hier vier gut abgrenzbare Teilschritte ("digression", "terrible fall", Stekelzitat, "education") ergeben. Jeder dieser vier Punkte sollte in seiner Bedeutung allgemein und speziell für Holden genau besprochen werden. Im Zusammenhang mit dem Stichwort "digression" liegt es nahe, auch Holdens gesamte Erzählweise unter diesem Kriterium zu betrachten. Die Frage nach der Bedeutung der vier Punkte für Holden kann durch Rekurs auf die Kritiken bzw. Ratschläge anderer Leute (vgl. Mr. Spencer, S. 13, 18f./Old Luce, S. 153f./Sally's Mutter, S. 63) verdeutlicht werden. Diese Punkte repräsentieren keineswegs selbstverständliche Wertvorstellungen – sie sollten deshalb jeweils kurz diskutiert werden. Im ersten Fall ("digression") formuliert Holden selbst die Gegenposition, in den beiden anderen Fällen muß sie erst gemeinsam gefunden werden. Falls die Diskussion nicht recht in Gang kommen will, sollte der Lehrer sich nicht scheuen, Antolinis Positionen sehr stark zu pointieren, z. B. durch etwas überzogene Beispiele aus der Erlebniswelt der Schüler (Beispiele: Aufsatzbeurteilungen, fahriger Unterricht). Dies gilt insbesondere für den letzten Punkt ("education"). Am Ende dieses Schrittes sollte wenigstens andeutungsweise versucht werden, ein Resümee aus Antolinis Ratschlägen zu ziehen.

3. Unterrichtsschritt:
Holdens Reaktionen

Holdens Reaktionen in diesem Dialog sollen in dreierlei Hinsicht betrachtet werden:
1. Was zeichnet diesen Dialog vor anderen Holden-Dialogen aus? Hier kann zur Verdeutlichung der Dialog Holden – Spencer herangezogen werden, der eine vergleichbare Personenkonstellation (Holden – Lehrer) aufweist.
2. Was bedeutet Holdens Müdigkeit? Hier muß den Schülern klar werden, daß die Häu-

figkeit der Erwähnung dieses Faktums einer über Holdens plausible physische Müdigkeit hinausgehenden Erklärung bedarf.
3. Schließlich sollte überlegt werden, ob und inwieweit Holden Antolini versteht bzw. verstehen will. Als Textgrundlage kann hier S. 194 oben und S. 195, letzter Absatz, verwendet werden.

4. Unterrichtsschritt:
Antolinis "flitty pass" und seine Konsequenzen

Zunächst sollte den Schülern klar werden, daß die Frage (Ist Antolini homosexuell oder nicht?), die Holden hier und zu Anfang von Kap. 25 beschäftigt, für den Leser irrelevant ist – wichtig für den Leser ist nur Holdens Reaktion auf die Situation. Diese sollte dann zunächst hinsichtlich ihrer Intensität (extreme Häufung von "depression") und ihres Inhalts (Zweifel, schlechtes Gewissen) beschrieben werden. Schließlich soll überlegt werden, warum Holden so reagiert und welche Konsequenzen dieses Erlebnis für ihn hat. Bei der Behandlung der letzten beiden Punkte sollte auf die Ergebnisse des ersten Schritts zurückgegriffen werden.

13. Stunde: Holdens Krise und Wandlung

Didaktische Vorbemerkungen

Nachdem in den vorhergehenden Stunden vorwiegend themenorientiert vorgegangen worden ist, rückt zum Schluß dieser Unterrichtssequenz mit der Betrachtung des 25. und 26. Kapitels (13. + 14. Stunde) wieder der Handlungsablauf des Romans in den Vordergrund. Hauptziel dieser und der folgenden Stunde ist es, daß die Schüler einen Gesamtüberblick über Holdens seelische Entwicklung in dem im Roman dargestellten Zeitraum erhalten und die symbolische und entwicklungspsychologische Bedeutung des für den Roman zentralen 25. Kapitels verstehen.
Zur Vorbereitung der Besprechung des 25. Kapitels gilt es zunächst, den bisherigen Verlauf von Holdens Entwicklung als einer, nur von kurzen Lichtblicken unterbrochenen ständigen Abwärtsbewegung übersichtlich zu erarbeiten in Form eines Diagramms, das im Laufe dieser Stunde vervollständigt wird. Im zweiten Schritt wird dann das 25. Kapitel als Tiefpunkt und entscheidender Wendepunkt von Holdens bisherigem Leben behandelt. Die zentralen Punkte sind hier Holdens Angst, sich selbst zu verlieren (S. 204 f.) und sein symbolischer Tod im Museum (S. 211). Im Mittelpunkt der letzten beiden, umfangreicheren Unterrichtsschritte steht Holdens überraschende innere Wandlung, die sich in der Aufgabe seines Fluchtplans und in der Karussell-Szene niederschlägt. Die Stunde schließt mit der Vervollständigung des Überblickdiagramms.

Notes on interpretation

Holden's life, as it is depicted in the novel, consists of a series of failures, resulting in a continuous decline of the hero's spiritual and emotional condition. The first phase, marked by Holden's being kicked out of school, his loss of Jane to Stradlater and his utter loneliness in Pencey Prep at night, ends in deep depression and with his decision, to seek his fortune in New York.
The most pertinent negative experiences of Holden's stay in New York are his failure with the prostitute, his ensuing defeat by her procurer Maurice and, above all, his quarrel with Sally. This last event is all the more depressing for him because his intended es-

cape with Sally seemed to open up a new road for him. This period, too, ends up in deep depression, accompanied by heavy drunkenness.

With the firm intention of escaping to somewhere in the west, Holden enters the third and last phase which starts most promisingly: His meeting with Phoebe almost brings him back to normal, and with Antolini's sound advice, Holden's spiritual "salvation" seems imminent. All the more drastic are the consequences of his disappointment at Antolini's. "I think I was more depressed than I ever was in my whole life." (p. 201). At this stage, the altogether permanently falling action of the novel seems to point inevitably to the certain spiritual and physical death of the hero. This fatal tendency continues on the following pages: Holden doesn't know where to go, he is worried about his hormones and afraid of dying of cancer, he is even unable to take the necessary nourishment. His spiritual state is further depressed by the realization, that dirt and crumbiness in the world cannot be effectively stopped (pp. 207/208, 210). The deterioration of Holden's state is additionally underlined by its sharp contrast to the joyful preparations for Christmas all around him.

The final crisis is heralded by the "spooky" experience, i. e. Holden's fits of fear of annihilation which he tries to alleviate by praying to his dead brother Allie, who is thus ascribed the role of a saviour. The symbolism of this passage is rather obscure:

Physically, the spooky experience is a symptom of serious circulatory disturbances which later on cause his "passing out". On the symbolic level, the scene may be interpreted as the expression of Holden's fear of losing all the contact with society which may give his life some meaning: his fear always arises, and only then, when he has to step off the kerb. Allie's function as a kind of saviour figure, on the other hand, is vaguely prepared at the beginning of chapter 14, where a paragraph on Allie is followed by a long paragraph on Jesus and his disciples.

With Holden's symbolic ("passing out") and ensuing rebirth in the museum, the declining line of his life comes to its extreme and turning point.

Symbolic death and rebirth is a central part of the rites of initiation ("rites de passage") of many primitive races. Most of these rites consist, often in form of a pantomime or a dance, of the following elements: The candidate is abducted (and thus separated from his former environment), deprived of his proper name and his clothes (and thus of his old identity), wounded, devoured by a monster (symbolic death), and finally reborn as a member of the world of the adults (new identity). Often, these rites also contain a phase of purification by symbolic washing (cf. the christening ceremony).

As Freese has shown, this motif of symbolic death and rebirth is quite frequent in novels of adolescence. The symbolic connotation of this scene is enhanced by the location (museum with "mummies") where it takes place. The fact that Holden passes out in a toilet adds the idea of purification which is resumed by the heavy rain at the end of the chapter. After the death of the old Holden, as it were, the new Holden feels "much better" (p. 211).

The rest of this chapter is devoted to the spiritual results of Holden's symbolic metamorphosis. The trouble with this final part of the chapter is that Holden's new understanding of life and society does not result from learning by repeated experience, nor from intense thinking but from sudden intuition symbolized by Holden's "passing out" (cf. above). Adherents of the sound realistic tradition of the novel will probably consider this to be a serious artistic flaw of this novel.

It is his sister Phoebe who is, unintentionally, to be the cause of Holden's vital insights into the nature of life. When she suddenly

stands before him with her suitcase, eager to follow him to the west, Holden realizes the absurdity of such a venture and finally abstains himself from his crazy plan. His reason why Phoebe is not to follow him, i. e. her participation in the play, indicates that he now has recognized the importance of playing one's role, as it were, in society. In his momentary pedagogical frenzy, Holden at first even orders Phoebe to attend school that very same afternoon. This is the first time, by the way, that Holden feels some kind of social responsibility. With his change of mind, Holden's behaviour towards Phoebe changes too. She is no longer a partner on almost equal terms but the kid sister of a grown-up brother who has to watch her closely and has to admonish her when necessary. Holden demonstrates, as it were, his new educational qualification by communicating profound pedagogical wisdom such as: "Kids are funny. You have to watch what they are doing." (p. 216), or: "You know kids when they're sore at you." (p. 216) Thus it is little surprise for the reader to find Holden at the end of the chapter among other parents watching Phoebe with happy satisfaction.
The nature of children is also the object of Holden's second important insight when he acknowledges that children must be let to find their own way ("to grab for the gold ring", p. 218), even at the risk of failure: "If they fall off, they fall off..." (p. 218). This, of course, means a total renunciation of his catcher idea and a general acception of life's and society's imperfection and dangers. The risks for children, by the way, when entering the grown-up world have meanwhile diminished considerably (cf. fall over a cliff vs. fall from a "goddam horse") in Holden's eyes and have thus reached more realistic proportions.
In the last paragraph, Holden is rewarded, as it were, for his acceptance of life and society with a state of abounding happiness.

Verlauf der Stunde

1. Unterrichtsschritt:
Holdens bisheriger Lebenslauf

Die Hausaufgabe hatte die Funktion, den Blick der Schüler von der bisher vorherrschenden Betrachtung einzelner Themen auf den Verlauf und die Bedeutung der Handlung in ihrer Gesamtheit zurückzulenken, da nur vor diesem Hintergrund die Bedeutung dieses Kapitels als entscheidende Krise und Wendepunkt in Holdens Biographie verständlich wird.
Ein Schüler trägt die Hausaufgabe anhand einer Folie vor; seine Vorschläge werden anschließend diskutiert und ggfs. modifiziert. Das so an der Tafel erstellte Diagramm (vgl. Stundenblatt) wird im weiteren Verlauf der Stunde vervollständigt. Je nach Beteiligung der Schüler kann das Diagramm unterschiedlich detailliert ausfallen.

2. Unterrichtsschritt:
Analyse von Holdens Krise

Zunächst werden gemeinsam die verschiedenen physischen und psychischen Symptome gesammelt, die auf den bevorstehenden Höhepunkt der Krise vorausdeuten. Anschließend werden dann die beiden Krisenhöhepunkte (Holdens Angst zu verschwinden, seine Ohnmacht im Museum) gemeinsam gelesen und besprochen. Die symbolische Bedeutung der Ohnmachtsszene kann von den Schülern nicht aus dem Text erschlossen werden, da den meisten von ihnen die entsprechenden Vorkenntnisse fehlen dürften. Andererseits kann diese Symbolik nicht einfach übergangen werden, da sonst Holdens plötzlicher Wandlung jegliche Motivation fehlt. Deshalb ist an dieser Stelle ein kurzer Lehrervortrag (vgl. "Notes on interpretation") vorgesehen.
Im folgenden Unterrichtsschritt wird dann

untersucht, wie sich Holdens „Initiation“ in seinem – veränderten – Verhalten niederschlägt.

3. Unterrichtsschritt:
Holdens innere Wandlung

Dieser Schritt beginnt mit einer offenen Frage nach Holdens Reaktion auf Phoebes überraschendes Ansinnen. Der Dialog zwischen Bruder und Schwester (S. 212: "'I thought maybe you weren't coming'" bis S. 213: "'Come on,' I said") wird dann gemeinsam gelesen und besprochen. Auf diese Weise werden die zuvor gewonnenen Ergebnisse präzisiert. Dabei geht es sowohl um Holdens Gedanken als auch um die Art, *wie* er mit seiner Schwester hier umgeht. Anschließend wird die Rolle der Theateraufführung in dieser Szene genauer bestimmt und die Ursachen und die Bedeutung von Holdens Sinneswandel erörtert.

4. Unterrichtsschritt:
Interpretation der Karussell-Szene

Die einleitende gemeinsame Lektüre dieser Szene (S. 218 oben) dient zunächst als stummer Impuls. Unter Aufnahme der Schülerreaktionen wird dann die Szene möglichst konkret auf ihre symbolische Bedeutung hin befragt. Ggf. muß der Lehrer den Anstoß dazu geben, daß die Szene mit Holdens Catcher-Traum in Verbindung gesetzt wird. Anschließend sollte noch kurz über die Gründe für Holdens Glücksgefühl gesprochen werden. Hier, wie auch bei der Deutung der o. g. Passage, sollten auch abweichende Rezeptionen akzeptiert werden. Zum Abschluß der Stunde wird das Diagramm von Holdens Entwicklung an der Tafel vervollständigt.

14. Stunde: Der offene Schluß des Romans/Abschlußdiskussion

Didaktische Vorbemerkungen

Mit dieser Stunde wird die diskursive Besprechung des Romans abgeschlossen. Sie besteht aus zwei Teilen. Im ersten Teil wird das kurze Abschlußkapitel des Romans besprochen. Durch die Leitfrage, inwiefern Holden sich geändert hat, erhält dieser Schritt gleichzeitig einen thematisch zusammenfassenden Charakter, da es zur Beantwortung dieser Frage notwendig ist, sich noch einmal die zentralen Themenbereiche zu vergegenwärtigen.
Der zweite Teil der Stunde besteht aus einer freien Diskussion über den Roman, bei der vom Lehrer lediglich ein Rahmenthema vorgegeben wird. Hauptziel dieser Diskussion ist nicht ein bestimmtes Ergebnis, sondern eine engagierte Auseinandersetzung der Schüler mit dem Roman in seiner Gesamtheit. In der Darstellung des Stundenverlaufs werden zwei Diskussionsthemen vorgeschlagen, von denen das eine („Pubertätsroman oder gesellschaftskritischer Roman?“) stärker an den Roman, das andere („Wie aktuell ist *Catcher in the Rye* heute noch?“) stärker an der eigenen Erfahrungswelt der Schüler orientiert ist. Eine dritte Möglichkeit besteht darin, diese abschließende Diskussion als direktes Komplement zum Beginn der ganzen Unterrichtssequenz anzulegen, wo die Schüler aufgefordert waren, von ihren Leseeindrücken zu berichten. Die Gegenüberstellung von früherem und gegenwärtigem Verständnis des Romans kann in die interessante Frage münden, ob und welchen Sinn eine so ausführliche Besprechung eines Romans haben könnte bzw. gehabt hat. Und hinter dieser Frage steht natürlich nicht nur die Frage nach dem Sinn von

Literaturunterricht, sondern auch nach dem von Literaturwissenschaft überhaupt.

Abgesehen von den hier gemachten Vorschlägen bietet der zweite Teil der Stunde auch die Gelegenheit, im Verlauf der gesamten Unterrichtssequenz ‚liegengebliebene' Fragen zu diskutieren.

Notes on interpretation

After the enthusiastic peak in Holden's life at the end of chapter 25, chapter 26 could be given the heading "Holden back to normal", which is not all that bad when we remember that Holden was almost all the time definitely *below* normal. And, this should also be noted, "normal" in this context also means that we find Holden not "in the west", but in a sanatorium, i. e. in an institution of established (and "phoney"!) society. Although Holden had a serious breakdown which made medical treatment over a longer period of time imperative, we must assume that later on he was staying on of his own free will. He even tolerates psychoanalytical treatment, which stands in this novel for adjustment to the norms of society (cf. p. 154).

Apparently Holden has made his peace with society, a tendency which was forecast by his reaction to Phoebe's intention to follow him to the west. Depending on the reader's view on life and society, this fact will either be deplored as a kind of shameful resignation or even corruption, or applauded as an important step to maturity.

Nevertheless, Holden has not totally changed. He meets questions, such as whether he is going to apply himself to school in future with a rather trivial argumentation which shows that though he intends to apply himself, he is far from being so strongly determined as Antolini would have liked him to be. Yet, Antolini has succeeded in so far as Holden has apparently accepted his notion of literal tradition as a possible help for other people: Holden's manuscript is the best proof of it. Although Antolini may be proud of his disciple in this respect, Holden is unable to give an overall evaluation of his experiences ("I don't *know* what I think about it.") because he lacks the necessary distance, maturity or intellectual capacity. This verdict is enhanced by his rather digressive, in parts chaotic, way of narration which represents Holden's late answer to the "digression discussion" in chapter 24. Altogether, Holden offers no explicit advice to troubled readers – as Antolini did to him – but records of his troubles to be carefully interpreted by the reader.

The novel ends with Holden's very noble gesture of general forgiveness ("I even miss that goddam Maurice"), a last indication that he seems to be ready for compromises with the general fallibility of man.

Holden's future remains uncertain, because he still has not found out "where he wants to go" (cf. p. 195) and "what size mind" (p. 197) he has.

Verlauf der Stunde

1. Unterrichtsschritt:
Der offene Schluß des Romans

Die Stunde beginnt mit einem "close reading" der letzten Seite. Da Holdens abschließendes Resümee wenig explizit ist, erfordert die Beantwortung der Leitfrage („Inwiefern hat sich Holden geändert, inwiefern nicht?") eine sehr sorgfältige Interpretation des Textes. Neben der Leitfrage sind im Stundenblatt deshalb auch einige Detailfragen aufgeführt, auf die der Lehrer bei Bedarf zurückgreifen kann. Insgesamt sollte die Interpretation sich nicht ausschließlich auf Kap. 26 konzentrieren, sondern auch den Hintergrund des gesamten Romans, insbesondere Kap. 24 und 25, miteinbeziehen.

Am Ende sollte kurz erörtert werden, welche Prognose für Holdens Zukunft gestellt werden kann.

2. Unterrichtsschritt: Abschlußdiskussion

Wie schon in den Vorbemerkungen zu dieser Stunde ausgeführt, sind hier verschiedene Diskussionsthemen möglich. Denkbar ist auch eine Kombination der drei vorgeschlagenen Themen in der vorgegebenen Reihenfolge. Im Stundenblatt werden zu jedem Thema einige Fragen vorgeschlagen, um die Diskussion in Gang zu bringen und zu halten. Die dritte Version, Vergleich der Rezeption zu Anfang und am Ende der Unterrichtssequenz, erfordert eine etwas stärkere Führung seitens des Lehrers. Ein guter Einstieg wäre es, einen Schüler seine damaligen Eindrücke vorlesen zu lassen und ihn dann zu fragen, ob sich etwas bzw. was sich an seinem Verständnis des Romans geändert hat. Danach sollten noch ein oder zwei weitere Schüler in dieser Weise zu Wort kommen, bevor zu den allgemeineren Fragen übergegangen wird.

15./16. Stunde: Holdens Sprache

Didaktische Vorbemerkungen

In den letzten beiden Stunden sollen die wesentlichsten Charakteristika der Sprache von *The Catcher in the Rye* und deren Funktion(en) erarbeitet werden. Der Einschnitt zwischen den beiden Stunden wird am besten nach dem zweiten Unterrichtsschritt gelegt.

Die Funktion einzelner sprachlicher Merkmale läßt sich am leichtesten erschließen, wenn man fragt, warum sich der Autor gerade für die vorliegende Sprachgestaltung und nicht eine andere entschlossen hat. In den meisten Fällen lassen sich derartige Fragen nicht anhand isolierter Sprachbefunde schlüssig beantworten, sondern nur unter Rückbezug auf andere Interpretationsergebnisse.

Auf den ersten Blick erscheint das Thema dieser Stunde leicht, da der stark umgangssprachliche Charakter von Holdens Sprache für die Schüler offensichtlich ist. Andererseits darf aber nicht übersehen werden, daß die sichere Niveaueinschätzung fremdsprachlicher Ausdrücke zu den schwierigsten Aufgaben gehört. Jeder weiß aus eigener Erfahrung, wieviel leichter einem ein fremdsprachliches als ein deutsches Tabuwort über die Lippen kommt.

Hauptsächliche Textgrundlage für diese Stunde ist ein Arbeitsblatt (vgl. S. 65ff.), in dem zu verschiedenen sprachlichen Aspekten charakteristische Beispiele zusammengestellt sind. Manche Beispiele können am besten durch kurze Sprachübungen erschlossen werden, die sich jedoch auf keinen Fall verselbständigen sollten.

Die Stunde beginnt, auf der Basis der Hausaufgabe, mit der Klassifizierung sprachlicher Auffälligkeiten. In den folgenden drei Schritten werden die für den Roman wichtigsten sprachlichen Kategorien (Sprachebenen, Semantik und, von geringerer Bedeutung, Syntax) sukzessive genauer betrachtet und die erarbeiteten Charakteristika jeweils auf ihre Funktion(en) hin befragt. Um zu angemessenen Funktionsbestimmungen zu gelangen, muß jeweils auch Holdens eigenes Verhältnis zur Sprache berücksichtigt werden.

Um Zweifelsfälle kompetent klären zu können, sollte der Lehrer unterschiedliche Lexika, insbesondere ein Slang-Wörterbuch, in die Stunde mitbringen. Auch die Schüler sollten ein Lexikon dabeihaben. Die Beschäftigung mit der Sprache des Romans kann durch die beiden auf S. 69ff. skizzierten Zusatzstunden ergänzt und vertieft werden.

Notes on interpretation

Without language, there can be no novel. But besides its plain narrative function, language may be also used in a novel for additional purposes such as characterization, the establishment of a symbolic plane or a specific atmosphere, comic or rhetorical effects etc. Depending on the intended effect, the linguistic aspect(s) mainly involved will vary.

The Catcher in the Rye is famous for its daring language. It really is. If you want to know the truth, a study of this novel's language therefore has to concentrate mainly on the question of speech level(s) and on characteristic semantic features. As we will see later, there are also a few syntactical and (typo-)graphic phenomena worth discussing.

All critics – except reviewers of religious journals – who looked at *The Catcher in the Rye* at the time of its publication agreed that the novel's language was a true and authentic rendering of teenage colloquial speech, or teenage vernacular in the 1950s. The primarily colloquial base of Holden's language is heavily pervaded by schoolboy slang, encompassing a considerable amount of vulgarisms of the blasphemic (cf. "for Chrissake") and the obscene variety (cf. "sonuvabitch"). Holden's prep school education and good rating in English on the other hand is testified by occasional loans from literary language such as "ostracized" (pp. 7, 173), "unscrupulous" (p. 44) or "conversationalist" (p. 76). The fact that we find "lose my virginity", "relieve himself" and "an alcoholic" besides "to give someone the time", "to take a leak" and "booze hound" shows that Holden possesses a certain linguistic self-consciousness (cf. also below). Much of the humour of this book stems from Holden's habit of mixing different levels of speech. Sunny's provocative and angry question for instance ("What the heck did you tell... p. 102) Holden meets with the well phrased explanation: "I thought I'd be feeling a lot better than I do. I was a little premature in my calculations. No kidding." (p. 102)

The use of crude language in the novel increases when Holden is reporting schoolboy dialogue and becomes especially prominent when he is excited or angry. Cf. his apprehension over Stradlater's treatment of Jane where he uses "goddam" seven times on a single page (p. 44). Yet it would be wrong to infer from Holden's frequent use of crude language a corresponding crudeness of mind. His intensive consternation over the "– you" – graffito (pp. 208, 211) indicates that the crudeness of his language is not characteristic of its user but of the slang common among his schoolmates.

Although Holden's language is generally trite and unimaginative he shows in many passages a surprising awareness of language. Several scenes are mainly devoted to the satirizing or criticizing of phoney and stilted conversation (cf. pp. 79, 91, 132–133). Additionally, Holden makes a point of mentioning that Old Bernice and Phoebe criticized him for his language (pp. 76, 77, 175) and that his mother forbade Phoebe to use "lousy" (p. 184). He reflects on Sunny's use of slang (p. 99), ponders about the inadequacy of crude language in connection with a Christmas tree (p. 203), and is shokked about himself for using crude language to Sally (p. 139). From all these examples we may conclude that Holden uses schoolboy slang with all its crudeness and triteness intentionally in his report in order to better reach his aim, i. e. to help other people with comparable problems, as Antolini advised him to do.

A similar motivation may have led Salinger to reconstruct authentic schoolboy slang so accurately as he did in the opinion of most critics. Apparently, he did not want primarily to write timeless "literature" but a book which very directly meets the problems of a concrete historical situation. This realism is the novel's strength (and weakness) which is destroyed for instance in Heinrich Böll's translation with its rather "timeless" colloquial slang. (Cf. 1. Zusatzstunde) Semantically, Holden's slang is, as most slang, imprecise and trite. As Donald P. Costello has shown, Holden uses "crap" in seven different ways and his seven favourite words ("lousy, pretty, crumby, terrific, quite, old, stupid") are all used with little regard to specific meaning. Other favourites of Holden like "crazy" and "killed me" simply express emotional affection – favourable ("That story just about killed me.") or unfavourable ("Then she turned her back on me again. It nearly killed me ...", p. 214). Therefore, Costello's following warning should be taken seriously at all events: "It is hazardous to conclude that any of Holden's slang has a precise and consistent meaning or function." (Costello, p. 177) Once, Holden recognizes himself the triteness of his vocabulary: "'Boy!' I said. I also say 'Boy!' quite a lot. Partly because I have a lousy vocabulary ..." (p. 13). Yet, sometimes, his language may be highly effective (cf. the following piling up of trite adjectives with a strong invective power: "'You're a dirty stupid sonuvabitch of a moron'", p. 48) or entirely original (cf. "Old Marty was like dragging the Statue of Liberty around the floor.", p. 78). On the whole, Holden's vocabulary identifies him not as an individual but as an average specimen of his age group.
A few linguistic idiosyncrasies, though, are closely linked with his individual character and situation:
"And all/or something/or anything: these expressions are sometimes used without any discernable meaning as in: "... he's my brother and all" (p. 5), but sometimes they signify a sense of looseness or laziness of thought as in: "... splendid and clear-thinking and all" (p. 6).
"It really is/I really mean it": this phrase which is tagged to many of his affirmations, indicates almost symbolically his hopeless fight for keeping up his sincerity and truthfulness in an otherwise phoney world.
"If you want to know the truth" (cf. p. 9, 38, 49, 60, 219): The scepticism inherent in that casual phrase suggests that only very few people in Holden's world are really concerned about the truth. Another important aspect of Holden's situation, his communicative problems, is reflected in his frequent and seemingly superfluous exact or near repetitions, as in: "She likes me a lot. I mean she's quite fond of me." (p. 162) or: "I sort of missed them. I mean I sort of missed them" (p. 194).
Holden's often faulty grammar (e. g. misuse of "lay" and "lie", double negative, wrong pronoun number) and laborious sentence structures (e. g. "afterthoughts" as in: „It has a very good academic rating, Pencey", p. 7, or repetitions as in: "Where I lived at Pencey, I lived in ...", p. 20) seem to question Holden's command of language. Unusual in written English is also the frequent use Holden makes of elision (cf. "You could tell Spencer'd got a big bang", "I'd've killed him") and italics. Our judgment of Holden's correctness immediately changes when we realize that all these seeming mistakes are quite common and typical in spoken speech. The assumption that Holden tries to imitate spoken speech in order to intensify the appeal to the reader is further strengthened by his frequent direct addresses of the reader.
The language of *The Catcher in the Rye* is, as we have seen, an authentic rendering of informal, colloquial American teenage slang of the 1950s. Its general aim is to appeal directly to the young reader and to characte-

rize Holden as a typical average teenager. The sometimes almost obnoxious idiosyncrasies of his language on the other hand are effective linguistic symptoms of his own individual situation.

Verlauf der Stunde

1. Unterrichtsschritt:
Sammeln und Klassifizieren sprachlicher Beobachtungen

Vorbereitet durch die Hausaufgabe werden die drei Kategorien "levels of language", "words and expressions" und "grammar" erarbeitet und an einer Seitentafel mit einigen charakteristischen Beispielen belegt. Gleichzeitig werden die drei Kategorien als Ausgangspunkt des Tafelanschriebs, der im Verlauf der beiden Stunden entwickelt wird, horizontal an die Haupttafel geschrieben.

2. Unterrichtsschritt:
Analyse und Funktionsbestimmung der Sprachebenen

Das im *worksheet 3* (vgl. S. 65ff.) wiedergegebene Klassifikationsschema (No. 2) wird diskutiert (wichtig: hierarchische Grundstruktur des Schemas) und auf Holdens Sprache angewendet: Die Schüler sollen prüfen, welche Kategorien des Schemas für Holdens Sprache besonders wichtig sind und welche vernachlässigt werden können, und jeweils charakteristische Beispiele nennen (vgl. TA). Anhand der im Arbeitsblatt unter No. 3 aufgeführten Beispiele werden kurz die – z. T. von Holden unbeabsichtigten – komischen Effekte besprochen, die sich durch die für Holden charakteristische Mischung unterschiedlicher Sprachebenen ergeben. Seine Sprache wird anschließend dann als typische "teenage colloquial speech" ohne individualisierende Funktion bestimmt. Anhand der im Arbeitsblatt unter No. 4 aufgeführten Beispiele wird dann Holdens sprachliche Sensibilität erarbeitet und damit die Voraussetzung dafür, Holden als Ich-Erzähler eine bewußte sprachliche Gestaltung zuzusprechen, die auf die ihr zugrundeliegende Intention hin interpretierbar ist.
Anhand des unter No. 5 wiedergegebenen Zitats wird schließlich noch erörtert, warum und mit welchen Folgen Salinger sich um historische Authentizität des Teenager-Slangs bemüht hat.

3. Unterrichtsschritt:
Analyse des Vokabulars

Die wesentlichen semantisch-stilistischen Merkmale von Holdens Sprache werden zunächst in Form eines arbeitsteiligen Arbeitsauftrags erarbeitet, dann im Plenum kurz diskutiert und die Ergebnisse an der Seitentafel festgehalten.
Gruppenteilung (die Aufgabenstellung befindet sich unter No. 6 auf dem Arbeitsblatt): Gruppe A: "crap", Gruppe B: "killed me", Gruppe C: Holdens Lieblingsvokabeln, Gruppe D: "and all/or anything", Gruppe E: "It really is/really did", Gruppe F: Wiederholungen.

4. Unterrichtsschritt:
Interpretation syntaktischer Charakteristika

Die Liste grammatischer Fehler und Besonderheiten (vgl. No. 7) wird gemeinsam durchgegangen und „korrigiert". Anschließend wird die Frage diskutiert, welche Funktion diese Fehler haben könnten. Zur Klärung dieser Frage muß Holdens exzessive Verwendung der Elision und der Kursivschrift mit hinzugenommen werden.

Worksheet 3 zur 15./16. Stunde

Holden's Language

No. 1:

a)
All of a sudden, he said, 'For Chrissake, Holden. This is about a goddam baseball glove.'
'So what?' I said. Cold as hell.
'Wuddaya mean – so what? I told ya it had to be about a goddam room or a house or something.'
'You said it had to be descriptive. What the hell's the difference if it's about a baseball glove?'
'God damn it.' He was sore as hell. He was really furious. 'You always do everything backasswards.' He looked at me. 'No wonder you're flunking the hell out of here,' he said. 'You don't do one damn thing the way you're supposed to. I mean it. Not one damn thing.'
'All right, give it back to me, then,' I said. I went over and pulled it right out of his goddam hand. Then I tore it up.
'What the hellja do that for?' he said.
I didn't answer him. I just threw the pieces in the wastebasket. Then I laid down on my bed, and we both didn't say anything for a long time. He got all undressed, down to his shorts, and I laid on my bed and lit a cigarette. You weren't allowed to smoke in the dorm, but you could do it late at night when everybody was asleep or out and nobody could smell the smoke. Besides, I did it to annoy Stradlater. It drove him crazy when you broke any rules. He never smoked in the dorm. It was only me. (p. 45)

b)
I ignored him. I really did. I went right on smoking like a madman. All I did was sort of turn over on my side and watch him cut his damn toenails. What a school. You were always watching somebody cut their damn toenails or squeeze their pimples or something.
'Did you give her my regards?' I asked him.
'Yeah.'
The hell he did, the bastard.
'What'd she say?' I said. 'Did you ask her if she still keeps all her kings in the back row?'
'*No,* I didn't ask her. What the hell ya think we did all night – play checkers, for Chrissake?'
I didn't even answer him. God, how I hated him.
'If you didn't go to New York, where'd ya go with her?' I asked him, after a little while. I could hardly keep my voice from shaking all over the place. Boy, was I getting nervous. I just had a *feeling* something had gone funny. (p. 46)

c)

Anyway, the next thing I knew, I was on the goddam floor and he was sitting on my chest, with his face all red. That is, he had his goddam knees on my chest, and he weighed about a ton. He had hold of my wrists, too, so I couldn't take another sock at him. I'd've killed him.

'What the hell's the matter with you?' he kept saying, and his stupid face kept getting redder and redder.

'Get your lousy knees off my chest,' I told him. I was almost bawling. I really was. 'Go on, get offa me, ya crumby bastard.'

He wouldn't do it, though. He kept holding on to my wrists and I kept calling him a sonuvabitch and all, for around ten hours. I can hardly even remember what all I said to him. (pp. 47/48)

d)

He got off me, and I got up, too. My chest hurt like hell from his dirty knees. 'You're a dirty stupid sonuvabitch of a moron,' I told him.

That got him really mad. He shook his big stupid finger in my face. 'Holden, God damn it, I'm warning you, now. For the last time. If you don't keep your yap shut, I'm gonna –'

'Why should I?' I said – I was practically yelling. 'That's just the trouble with all you morons. You never want to discuss anything. That's the way you can always tell a moron. They never want to discuss anything intellig –'

Then he really let one go at me, and the next thing I knew I was on the goddam floor again. (p. 48)

No. 2:

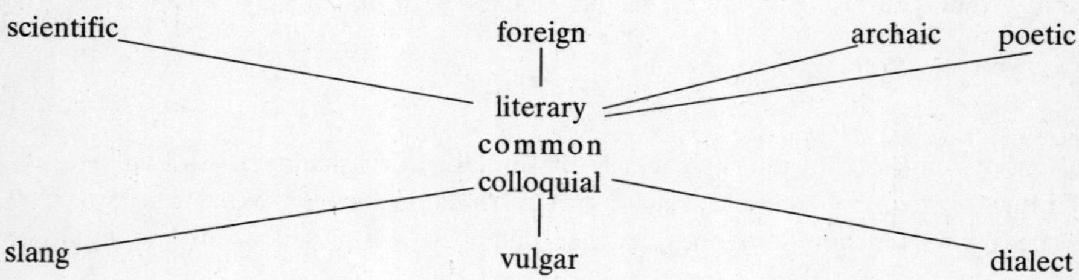

No. 3:

"'Well, a bunch of us wanted old Ernie to be president of the class. I mean he was the unanimous choice. I mean he was the only boy that could really handle the job,' I said – boy, was I chucking it." (p. 60)

"I had a helluva time convincing her that *I* didn't give a good goddam *where* her dog relieved himself." (p. 81)

"'What the heck did you tell that crazy Maurice you wanted a *girl* for, then? If you just had a goddam operation on your goddam wuddayacallit. *Huh?'* – 'I thought I'd be feeling a lot better than I do. I was a little premature in my calculations. No kidding.'" (p. 102)

"She was ostracizing the hell out of me!" (p. 173)

"So I got the axe. They give guys the axe quite frequently at Pencey. It has a very good academic rating, Pencey. It really does." (pp. 7/8)

No. 4:

"That annoyed me, for some reason. 'Oh, Christ. Don't spoil it,' I said. 'I'm twelve, for Chrissake. I'm big for my age.' – '*Listen.* I toleja about that. I don't like that type of language,' she said. 'If you're gonna use that type language, I can go sit down with my girl friends, you know.'" (p. 76)

"'Like fun you are.' It was a funny thing to say. It sounded like a real kid. You'd think a prostitute and all would say 'Like hell you are' or 'Cut the crap' instead of 'Like fun you are'." (p. 99)

"'Would you care to go?' – 'I'd love to. Grand'. – *Grand.* If there's one word I hate, it's grand. It's so phoney. For a second, I was tempted to tell her to forget about the matinée." (p. 112)

"You could see there wasn't any sense trying to have an intelligent conversation. I was sorry as hell I'd started it. 'C'mon, let's get outa here,' I said. 'You give me a royal pain in the ass, if you want to know the truth.' *Boy,* did she hit the ceiling when I said that. I know I shouldn't've said, and I probably wouldn't've ordinarily, but she was depressing the hell out of me. Usually I never say crude things like that to girls. *Boy,* did she hit the ceiling." (p. 139)

"While I was walking, I passed these two guys that were unloading this big Christmas tree off a truck. One guy kept saying to the other guy, 'Hold the sonuvabitch *up!* Hold it *up* for Chrissake!' It certainly was a gorgeous way to talk about a Christmas tree. It was sort of funny, though, in an awful way..." (p. 203)

"'Boy!' I said. I also say 'Boy!' quite a lot. Partly because I have a lousy vocabulary..." (p. 13)

to give someone the time	to take a leak	booze hound
lose my virginity	relieve himself	an alcoholic

No. 5:

"Most critics who looked at *The Catcher in the Rye* at the time of its publication thought that its language was a true and authentic rendering of teenage colloquial speech." (D. P. Costello)

No. 6:

Group A: Explain the precise meaning of "crap" in each example. Comment on Holden's use of this word.
- "all that David Copperfield kind of crap"
- "I spilled some crap all over my gray flannel"
- "I was putting on my galoshes and crap"
- "there wasn't anything in the park except dog crap"
- "I certainly wouldn't have minded shooting the crap with old Phoebe for a while."
- "'Ernest just adores it.' – 'I know he does,' I said. Then I started shooting the old crap around a little bit." (p. 59)

Group B: Comment on the meaning and use of "killed me".
- "That story just about killed me."
- "Then she [Phoebe] turned her back on me again. It nearly killed me."

Group C: Comment on the meaning and use of at least three of the following words:
- lousy, pretty, crumby, terrific, quite, old, stupid

Group D: Comment on the meaning and use of "and all".
- "My parents are nice and all"
- "It was December and all"

Group E: Comment on the function of "It really is / I really mean it" and: "if you want to know the truth". (Cf. pp. 9, 38, 49, 60)

Group F: What is the function of the following pairs of sentences?
- "She likes me a lot. I mean she's quite fond of me."
- "She killed Allie, too. I mean he liked her, too"
- "He was a very nervous guy. I mean he was a very nervous guy."

No. 7:

Correct or improve the following expressions/sentences.
- "Then I laid down on my bed . . ."
- ". . . about a traffic cop that falls in love".
- "I hardly didn't even know I was doing it"
- "I'd woke him up"
- "Like as if all you ever did at Pencey was play polo all the time"
- "It's pretty disgusting to watch somebody picking their nose"
- "I and this friend of mine, Mal Brossard"
- "It has a very good academic rating, Pencey"
- "Where I lived at Pencey, I lived in the Ossenburger Memorial Wing of the new dorms"
- "You could tell old Spencer'd got a big bang out of buying it"
- "I'd've killed him"

1. Zusatzstunde: Original und Übersetzung (ohne Stundenblatt)

Didaktische Vorbemerkungen

Bei keiner anderen Gelegenheit kommt es zu einer so intensiven Auseinandersetzung mit Sprache und Stil eines fremdsprachlichen Textes wie bei der Übersetzung in die Muttersprache. Die im folgenden skizzierte Zusatzstunde stellt von daher eine naheliegende Ergänzung und Konkretisierung der 15./16. Stunde („Holdens Sprache") dar. Die Erörterung von Übersetzungsalternativen ist äußerst schwierig – zumal man sich ja gleichzeitig auch mit seiner Muttersprache auseinandersetzen muß; die Unterrichtssprache sollte deshalb in dieser Stunde unbedingt Deutsch sein.
Übersetzungsprobleme treten auf allen sprachlichen Ebenen (Phonetik, Syntax, Semantik, Stilistik, Pragmatik) auf, jeweils in vom konkreten Text abhängiger unterschiedlicher Gewichtung. Bei *The Catcher in the Rye* kommt es in erster Linie darauf an, jeweils die richtige Stilebene zu treffen und adäquate Entsprechungen für die häufigen umgangssprachlichen, idiomatischen und Slang-Ausdrücke zu finden. Als Basis für die Erörterung von Stilfragen kann das bereits auf dem *worksheet* zur 15./16. Stunde verwendete Diagramm verwendet werden.
Die zugrundegelegte Textstelle sollte nicht länger als 10–14 Zeilen sein, damit die Übersetzung in einer Stunde hinreichend ausführlich besprochen werden kann. Die Sätze sollten zur schnelleren Verständigung durchnumeriert werden.
Textvorschläge: S. 5 (bis "or anything"), S. 6 (Anfang bis "at any other school."), S. 18 ("On Sundays, for instance . . ." bis "I can't stand the stuff."), S. 20 ("He made a pot of dough" bis "Very big deal."), S. 132/133 ("At the end . . ." bis . . . and being charming.", S. 139 ("*Boy* . . ." bis ". . . goddam noisy.").

Verlauf der Stunde

Die Schüler sollten sich zunächst selbst, einzeln oder gruppenweise, zu Hause mit der ausgewählten Textstelle beschäftigen und eine Übersetzung anfertigen. Im ersten Teil der Stunde wird anhand dieser Hausaufgabe gemeinsam eine „Musterübersetzung" erstellt. Dabei sollte satzweise vorgegangen und jeweils genau begründet werden, warum einer bestimmten Übersetzungsvariante vor anderen der Vorzug gegeben wird. Im zweiten Teil der Stunde wird die „Musterübersetzung" mit Heinrich Bölls Übersetzung der betreffenden Passage verglichen und von daher eine kritische Würdigung der Böllschen Übersetzung versucht.
Der Lehrer sollte für diese Stunde unterschiedliche Lexika (z. B. unterschiedlich umfangreiche ein- und zweisprachige Lexika, ein Slang-Wörterbuch, deutsche und englische Synonymen- und Stillexika) mitbringen, einmal, um für alle Eventualitäten gut gerüstet zu sein, zum anderen, um die Leistungsfähigkeit unterschiedlicher Lexika an geeigneten Beispielen vorführen zu können.

2. Zusatzstunde: Symbole (ohne Stundenblatt)

Didaktische Vorbemerkungen

Ein wesentliches, wenn auch keineswegs notwendiges Charakteristikum literarischer Sprachverwendung ist die Verwendung von Symbolen. Gerade weil die Sprache von

Catcher in the Rye, dem Erzähler angemessen, durchweg ziemlich trivial und ‚realistisch' ist, läßt sich an diesem Roman die Funktionsweise und Leistung von Symbolen im weiteren Sinne besonders gut studieren. Das wohl auffälligste Symbol dieses Romans ist Holdens "red hunting hat". Eine symbolische Dimension weisen daneben aber auch folgende Elemente auf: Holdens wiederholte Frage nach dem Schicksal der Enten, der "secret goldfish" am Anfang des Romans, Allie und sein "baseball mitt", die Frage der "digression", die "mummies" im Museum, Holdens Catcher-Traum, das "spooky event" und das Kinderkarussell am Ende des Romans. (Eine genauere Analyse würde sicher noch weitere symbolische Elemente zutage fördern.) Das zentrale, titelgebende Symbol des Romans ist bereits in der 9. Stunde ausführlich behandelt worden, auf die Symbolik des Museums und des "spooky event" wurde kurz in der 8. bzw. 11. Stunde eingegangen. Für die folgende Stunde sollte man sich auf zwei Symbole, die Frage nach dem Schicksal der "ducks" und den "hunting hat", beschränken. Hier die – sicher nicht vollständigen – Textstellen für die beiden Symbole:

"Hunting hat": S. 21, 25, 32, 49, 56, 57, 63, 64, 128, 159, 161, 218, 219.

"Ducks": S. 17, 64, 86–88, 161.

Über das „Wesen" von Symbolen und ihre Abgrenzung gegenüber anderen Formen des uneigentlichen Sprechens sind zahlreiche Bücher geschrieben worden. Es sollte nicht Ziel dieser Stunde sein, tiefer in diese Diskussion einzusteigen. Vielmehr dürfte es genügen, folgende Aspekte zu behandeln:

- Symbolik als Form uneigentlichen Sprechens: Das Symbol verweist auf einen, zu seinem üblichen semantischen Feld nicht gehörigen Sinnzusammenhang (vgl. Rose – Liebe).
- Abgrenzung zur Metapher: keine zugrundeliegende Vergleichs- oder Analogiebeziehung.
- Unterscheidung von werktranszendenten („Rose") und werkimmanenten ("hunting hat") Symbolen.
- Die häufige Mehrdeutigkeit von Symbolen. Vgl. die Zusammenstellung unterschiedlicher Ausdeutungen des "hunting hat" auf S. 71.

Verlauf der Stunde

Zur Vorbereitung der Stunde kann als Hausaufgabe gestellt werden, Belegstellen für die beiden Symbole herauszusuchen. Im ersten Teil der Stunde wird Holdens wiederholte Beschäftigung mit dem Schicksal der Enten im Winter besprochen. Dabei sollte vor allem herausgearbeitet werden, daß die Entenfrage neben ihrer symbolischen Bedeutung (Suche nach Gott? Suche nach Geborgenheit?) auch die Funktion eines Charakterisierungsmittels hat: Holdens Frage ist einmal eine typische Kinderfrage und insofern ein Anzeichen für seine Unreife; zum anderen stellt Holden die Frage zweimal Taxifahrern, ein Zeichen für seine mangelhafte kommunikative Kompetenz. Man sollte die Schüler zunächst sehr global fragen, was sie von Holdens ‚Entenproblem' halten. Zur Erarbeitung der realistischen Funktion könnte man dann kurz die beiden Passagen S. 64 und 86–88 anschauen. Falls nicht von selbst symbolische Deutungen zur Sprache kommen, kann man mit der Frage, ob Holden wirklich an dem Schicksal der Enten so interessiert ist, zur Symbolik hinführen.

Im zweiten Teil der Stunde wird der "hunting hat" besprochen. Zunächst wird – zügig – das realistische Substrat des Hutes erarbeitet (Einführung des Huts, wann wird der Hut wie getragen, Holden schenkt Phoebe den Hut usw.), dann wird nach der ‚tieferen' Bedeutung dieser scheinbar albernen und belanglosen Marotte Holdens gefragt. Falls dabei nicht genügend unterschiedliche Be-deutungen vorgeschlagen werden, kann der Lehrer noch zusätzliche Deutungsmöglichkeiten (vgl. unten) ins Gespräch bringen. Eine kurze Diskussion über diese Varianten soll den Schülern die potentielle Vieldeutigkeit dieses Symbols bewußt machen.

Die Stunde schließt mit Überlegungen zu den folgenden beiden Fragen:

- Wie wird die immanante symbolische Bedeutung im Roman aufgebaut?
- Welche romantechnische Funktion(en) hat/haben die beiden Symbole?

Deutungen des "hunting hat" in der Sekundärliteratur

- Holdens "talisman of true rebellion and creativity"
- "His red hunting hat may suggest Deerslayer and the solitary hunter"
- „bemerkenswertestes Symbol" von Holdens „Schutzsuche und Rebellion"
- "his emblem of the confusing new adult virility – it blinds him"
- "tempting to suggest a parallel with 'little red riding hood'"
- "a badge of his nonconformity and his rebellion against the rest of society"
- Ausdruck für Holdens "need for individual identity", mit "basically recessive tendencies", weil er die Kappe verkehrt herum trägt
- "The hat ... is the central symbol of Holden's fantasy ... for aggression, ... later for his humanitarian role ... and a third symbolic function of the hat is to hit off Holden's quest"
- "a symbol not only of Holden's adventure into the unknown but also of his defiance and rebellion against the world around him"
- "the happiest symbolic device in recent American fiction"

(Vgl. Freese, *Initiationsreise,* S. 224)

Anhang (Vorschläge für zusätzliche Arbeitsmaterialien)

1. Word Fields and Collocations

Vorschlag für ein Arbeitsblatt

I. Growing Up
children, teenagers, adolescents, adults

go/pass through a (physical, emotional and intellectual) crisis; the difficult/critical period/phase of adolescence/puberty

be at the stage when . . .

be afraid of growing up/change; long for peace/stability/permanence

learn to cope/come to terms with one's (own) sexuality; form a relationship with a girl; establish relations with the opposite sex

take over/accept responsibility for one's own life/other people; decide on/choose a career

2. Emotions
feel alone/lonely/lonesome/sad/miserable/depressed/desperate/rejected; be often/frequently depressed; suffer often/frequently from depression; have frequent bouts/attacks of depression

be nervous/embarrassed/afraid of/frightened of/(*not formal*) scared of

have ambivalent/mixed feelings about; find something boring/repulsive/disgusting; be repelled/disgusted by; hate

be indifferent to/interested in/concerned about; care/worry about

3a. Communication: General
chat with somebody about; talk to/with somebody about; have a chat/talk with somebody about

be looking for/in need/search of a friend/friendship/(somebody's) understanding/love/a personal relationship with/someone to talk to/company

fall into conversation with somebody about/strike up/start (up)/have a conversation with somebody about; be in/get/come in(to)/make/establish contact with

send/take/give/pass on a message to . . .

refuse to talk to/with somebody; attempts at communication fail/never come to anything/are not successful/break down/collapse

3b. Communication: Telephone
dial a/somebody's number; phone/ring/call somebody (up): (*not formal*) give somebody a ring/(*slang*) a buzz; make a (quick/short/brief) phone call to; talk to somebody on the phone

(tele)phone booth/box / (*formal*) kiosk

answer the phone; hang up (on somebody); ring off

4. Love and Sex

fall/be in love with; be fond of/affectionate towards

date somebody; have a date with; go out with

pat somebody (on); stroke somebody; kiss; neck/have sex/sexual intercourse with; seduce

be sexually (in)experienced; be always talking about/preoccupied with sex; boast of one's conquests

see/regard/treat a girl as a(n) (sex) object/person in her own right/partner/individual/whole person/human being

propose to; reject a proposal; marry; be/get married to

prostitute; pimp; homosexual

5. Religion

be a(n) Catholic/atheist; believe in; go to church/mass

join a monastery; monk; nun

minister; give a sermon; pray to . . .

God; angels; Jesus (Christ); disciple

carry crucifixes; sing Christmas carols

collect money for charity; make a contribution (to a collection)

6. Death

die of leuk(a)emia; commit/drive somebody to suicide

go to/attend a funeral; bury (in a cemetery); visit a cemetery/grave; put flowers on a grave/tomb

7. Society: Adjustment and Rebellion

accept/conform to/adjust to/make one's adjustment to/reject/rebel against the demands/norms/values of (a materialistic/middle class) society

be disgusted/repelled by the indifference/insensitivity/phoniness/dishonesty/insincerity of the adult world

run away/flee/escape/withdraw from the monotony/inhumanity of city life/urban society; run off/away to the woods to live the simple life

8. Education

be at/go to/attend a(n) boys'/all-boy/single-sex school

schoolmate/class(-)mate/room(-)mate

share a room with, (*AmE*) room with

be good at; take/pass/fail (in) an exam(ination)/a subject; (*informal esp. AmE*) flunk; failure

expel somebody from school; (*informal*) kick somebody out; (*informal*) give somebody/get the axe (*AmE usually* ax); expulsion

work harder at school/apply oneself

9. Health

get/have (got)/suffer from TB/pneumonia/diarrhoea

feel well/run(-)down/exhausted/dizzy/sick/better; faint; pass out; be sick; vomit / (*slang*) puke; have/recover from/get over a (nervous) breakdown

make an appointment with/see/consult a psychoanalyst/psychiatrist; be treated in a mental/psychiatric hospital/psychiatric clinic/rest home/sanatorium/(*AmE also*) sanitorium/sanatarium

10. Conflicts

quarrel/fall out/have a(n) disagreement/argument (with somebody about/over); insult; apologize (to); accept an apology

hit/punch/(*informal*) sock somebody (in the stomach/on the jaw); shoot somebody (in the stomach);

smack somebody; knock somebody down/out

11. Language

use teenage/colloquial/jerky/vulgar/obscene/crude language; slang; swear/four letter/ taboo words; words imprecise/vague in meaning; generalizations; exaggerations

have a poor/limited/restricted vocabulary; repeat favourite expressions/phrases; finish one's sentences with/add empty phrases; generalize; exaggerate; be inarticulate/ unable to organize one's thoughts; digress (from the subject)

tell the truth/lies

erase/rub out graffiti/obscenities

Quelle: Green u.a., "Stradlater is a sexy..."

2. Annotations

Vorschlag für ein Arbeitsblatt

A the best mark in American schools
ad (coll.) short for advertisement
Andover town in Massachusetts with the famous Philipps Academy for boys (founded 1778)
to apply o.s. to sth. to give all one's energy and attention to
ass (taboo) the buttocks
Atlantic Monthly well-known literary and political magazine

backasswards (taboo) with the ass backwards, in reverse order, wrong
bag (sl.) ugly girl, prostitute
bastard child whose parents were not married, (sl.) despicable man
Benedict Arnold (1741–1801) American Revolutionary general who became a traitor
Beowulf long Old English heroic epic in alliterative verse
to be up the creek (coll.) to be out of luck, to be in trouble
big shot (fam.) important or influential person
bitch female dog, (sl.) an ill-tempered woman, a woman with loose morals
booze (to) (coll.) alcoholic drink, to drink in excess
brace device for supporting a weak part of the body
break (sl.) a piece of good fortune
buck (sl.) US dollar
buddy (sl.) familiar form of address, (often to strangers)
bunk (sl.) nonsense
Burns, Robert Scottish poet (1759–1796)
butt (coll.) buttocks
buzz telephone call

to caddy to carry the golf players' clubs
can (sl.) toilet, buttocks
check bill in a restaurant
checkers ‚Damespiel'
to chew the fat (coll.) to chat
to chew the rag (coll.) to gossip about trivial matters
to chisel (coll.) to cheat, to swindle
to chuck (coll.) to throw
cop (USA) policeman
corny (sl.) out of date, often heard or repeated
crack (sl.) joke, derogatory remark
crap (taboo) excreta, (sl.) nonsense, rubbish
credit certificate at the end of a unit of study
crew-cut ‚Meckifrisur'
crumb-bum (sl.) worthless person, tramp
crumby (sl.) lousy, repulsive
to cut out to stop doing
cute (coll.) clever, attractive

David Copperfield famous autobiographical novel by Charles Dickens; its hero had also an unhappy childhood but ends up as a successful author
dandy neat, smart, very good
D.-Day June 6, 1944, the day of the American invasion of Europe in World War II
diarrhoea ‚Durchfall'
to die (coll.) to be eager
dopy (sl.) as if doped, stupid, slow

dorm dormitory, room in which students may sleep
dough (sl.) money
doughnut a ring-shaped cake of sweet dough, fried in fat

Eustacia Vye passionate heroine of Thomas Hardy's novel "The Return of the Native"

F lowest mark in American schools
faculty staff of a university or college
falsies stuffing in a bra to give women's breast a better or larger shape
Farewell to Arms novel by Ernest Hemingway
feel (taboo) the act of touching a girl intimately
to fiddle to make aimless movements
flit (sl.) male homosexual
to flop (sl.) to fail, to collapse
to flunk a subject to fail a subject

gal (coll.) a young pleasant girl or woman
to get the axe (sl.) to be dismissed
to get to first base (sl.) to start to get intimate with a girl
to get pretty run down to become exhausted
to get wise to become an intimate friend
to give the freeze to treat coldly
to give the time (sl.) to have sexual intercourse
glob drop or lump
goner hopeless case
gore (clotted) blood
grandstand the main seating structure for spectators
Great Gatsby, The famous novel by Francis Scott Fitzgerald (1896–1940)
grool imitates a strange pronunciation of the word 'girl'
guts bowels (‚Eingeweide')
gym (coll.) abbreviation for gymnasium = hall for gymnastics

half-assed (taboo) inefficient
halitosis bad smelling breath
hall closet small room or cupboard for clothes
hard up in want of
to haul to pull forcibly
heck (coll.) ‚hell'
to hit the road to arrive at, to reach
hoodlumy-looking looking like a criminal
to horn in to intrude, to interfere
horny (low coll.) lusty
to horse around (sl.) to joke, to refuse to be serious
horse manure lies
hot-shot important, successful person

I.Q. intelligence quotient
Ivy League the term refers to certain outstanding American institutions of higher learning which, with one exception, were founded during the colonial period of American history. The most famous American universities such as Harvard, Yale, Princeton and Columbia belong to the Ivy League group.

Jack address to a person whose name is not known
to jiggle to rock or jerk lightly
to jitterbug to dance to jazz or swing music in a vigorous manner
job (coll.) almost any object, procedure, machine etc., esp. one of good quality, often with reference to a car
junk rubbish, silly talk

to keep tab(s) on to have under observation
to kid to joke
king ‚Dame' im ‚Damespiel'
knockers (sl.) female breasts

to lay a fart (vulg.) ‚furzen'
lick in jazz: a short phrase of improvisation

liquorice ‚Süßholz', ‚Lakritze'
Lord Randall an old ballad
lulu (sl.) anyone or anything of extraordinary size, appearance, force etc., used derisively as well as admiringly

mitt baseball glove
morgue building in which bodies of persons found dead are exposed for identification
moron feeble-minded person, a fool

to neck to kiss, to caress, to pet
nope (coll.) no
N.Y.U. New York University

to ostracize to exclude from society, from a group

panic (sl.) a person or thing considered extremely humorous or entertaining
pansy (coll.) effeminate youth, male homosexual
to pass out (sl.) to faint
Pencey Prep a prep(aratory) school is usually a private school which prepares students for college; being often expensive, they connote high social status, wealth and snobbery
Penn Station Pennsylvania Station in New York
physical a health examination
pig (sl.) a girl with sloppy appearance and/or morals; among students: any girl or woman
pimple ‚Pickel'
pimpy-looking a pimp is a prostitute's agent, also a male prostitute
pitcher (motion) picture
to plug (sl.) to shoot
pole a bat (in baseball)
pro a professional
to puke (sl.) to vomit
to put it on (sl.) to exaggerate
putrid (coll.) very disagreeable

racket excitement, gaiety
rake an immoral man
regular pleasant, agreeable, conforming to accepted conventions
Return of the Native, The novel by Thomas Hardy (1840–1928)
Ring Lardner (1885–1933) American short story writer
to rip off to remove by tearing vigorously
rubbernecks (sl.) gaping sightseer, inquisitive person
to rush (sl.) to court a girl intensively

screwball (sl.) mad, crazy person
to shoot the bull (sl.) to flatter, to gossip
to shoot the crap (taboo) to shoot the bull
to sign out for to enter one's return in a book or list
slob (sl.) a fat, average person
snot (vulgar) ‚Rotz'
sonuvabitch (taboo) son of a bitch (‚Hundesohn')
to squeal (sl.) to betray
stance posture, the way a person stands
Stekel, Wilhelm (1868–1940) brilliant psychotherapist who believed with Adler that the importance of the unconscious had been exaggerated. He utilized the concept of the life-line or life-style, which was named rather less charitably, "the life-lie", i.e. the patient's system of fictive goals, which he attacked immediately. (from: J. A. C. Brown, Freud and the Post-Freudians, Pelican Book, p. 42)
stiff (sl.) a corpse
to stink up (sl.) to spoil, to ruin
to straighten so. out (coll.) to tell so. the truth
swell (coll.) wonderful, excellent
to swipe (sl.) to steal by snatching

tail (taboo) a girl or woman considered only sexually

tap dance ‚Steptanz'
tee in golf: small appliance of wood, rubber, etc. on which the ball is placed before being struck
throw the unit by which something is sold
turtleneck ‚Rollkragen'
to take a leak (sl.) to pass urine (‚urinieren')
undertaking business business of preparing the dead for burial and of managing funerals

wad a roll of notes, money
wheeny-whiney cf. 'to whine' = to complain in a childish way
whosis any person whose name is unknown or forgotten
a witch's teat cf. 'teat' = nipple of the breast
wizard (coll.) a person with outstanding gifts
wutchamacallit what-you-may-call-it

Year Book contains school events, names and pictures of students
yella streak tendency of cowardice
yellow (coll.) cowardly
'– *you*' a taboo expression of decisive rejection

3. Survey of Contents

Chapter 9: Arrival in New York/Edmont Hotel (63–70)
- Whom to contact? (63)
- Talk with taxi-driver about the fate of the ducks (64f.)
- The perverts (65f.)
- Reflexions on love and sex (66f.)
- Phone call to Faith Cavendish (67–70)

Chapter 10: Dance in the Lavender Room (71–80)
- Exposition of Phoebe (71–73)
- Dance with and communicative attempts at 'Old Bernice' (73–80)

Chapter 11: Jane Gallagher (81–85)
- Exposition of Jane (81f.)
- Happy afternoon with Jane (82–84)

Chapter 12: At Ernie's Night Club (86–92)
- Conversation with taxi-driver on the question of the ducks (86–88)
- Ernie's phoney performance on the piano (88f.)
- Morons and phonies at the neighbouring tables (90)
- Lillian Simmons (91f.)

Chapter 13: Holden and the prostitute Sunny (93–103)
- Holden on his "yellowness" (93–95)
- Holden on his sexuality and virginity (97f.)
- Dialogue with Sunny (98–103)

Chapter 14: Fight with liftboy Maurice (104–110)
- "Dialogue" with Allie (104)
- Holden on religion/Jesus (104f.)
- Fight with liftboy on account of Sunny's fee (106-109)

Chapter 15: The two nuns (111–119)
- Making a date with Sally Hayes (111f.)
- Holden on his father's finances (113)
- Holden on cheap and expensive suitcases (114f.)
- Dialogue with the two nuns (115–117)
- Holden on catholicism (118)

Chapter 16: Museum of Natural History (120–128)
- Reflexions on the nuns (120)
- Bying a record for Phoebe (121f.)
- The boy, singing the title song (121f.)
- Holden on movies, plays etc. (123f.)
- Dialogue with skating kid (124f.)
- Museum of Natural History (125–128)

Chapter 17: Quarrel with Sally Hayes (129–140)
- Secret whistlers (129f.)
- Enter Sally, the queen of the phonies (130f.)
- The show with the Lunts (131f.)
- Phoney conversations during the intervall (132–134)
- With Sally in the ice palace (134f.)
- Quarrel with Sally over Holdens escape phantasy (Massachusetts/Vermont) (136–140)

Chapter 18: Stage Show at Radio City (141–147)
- Girls, misjudging boys (141f.)
- Making an appointment with Old Luce (142)
- Stage Show/the drummer (143–145)
- The phoney mother (145)
- Brother D.B. on war (145f.)

Chapter 19: With Old Luce in the Wicker Bar (148–155)
- The phonies in the Wicker Bar (148)
- Old Luce (149f.)
- Dialogue with Old Luce on sex and psychoanalysis (150–155)

Chapter 20: Holden being drunk (156–163)
- Holden gets drunk (156)
- Phone call with Sally (157f.)
- Conversation with wardrobe girl (158–160)
- Holden in Central Park: Phoebe's record breaks, Holden thinks of his burial, of Phoebe and Allie (160–162)
- Decision to go home (163)

III. Return home

Chapter 21: At home with Phoebe I (164–172)
- On Phoebe (164–168)
- Dialogue with Phoebe on her latest experiences (168–172)
- Decision to go to Colorado (172)

Chapter 22: At home with Phoebe II (173–180)
- Reasons for Holden's failure at school (173–176)
- What Holden likes: the two nuns, James Castle (176–178)
- Holden's ideas on jobs; his catcher-dream (178–180)

Chapter 23: Holden leaving home (181–187)
- On Mr. Antolini (181)
- Dance with Phoebe (182)
- Dialogue between mother and Phoebe (183f.)
- Taking leave from Phoebe (185–187)

Chapter 24: At Mr. Antolini's (188–200)

- On the Antolinis (188)
- Antolinis "lecture": digression (190f.), terrible fall (193f.), Stekel-quotation (195), the benefits of education (196f.)
- Antolini's 'homosexual' advances (198–200)
- Holden's flight (200)

Chapter 25: Crisis and Decision (201–219)

- Reflections on Mr. Antolini (201f.)
- Christmas atmosphere (203f.)
- The "spooky" event (204f.)
- Decision to go away, living as a deaf mute (205)
- Holden revisiting his school/'– you' (206–208)
- In the museum: the two boys (209f.), Holden's breakdown (211), phantasies about his future seclusion (211)
- Holden – Phoebe: quarrel, decision to stay at home, at the zoo, Phoebe on the carrousel (212–219)

Chapter 26: Looking back from the present (220)

Für Ihre Schüler

Dieter Klaas / Gerd Köhncke
Training Englisch
Grammatikübungen für die Klassen 9/10
103 Seiten + 30 Seiten Lösungsheft, Klettbuch 928911

Training Englisch bietet – kompakt und übersichtlich – eine Wiederholung und Vertiefung des Grammatikstoffes der ersten vier bis fünf Lernjahre. Es ist gedacht für Schüler der Klassen 9/10, die entweder rasch und gezielt Lücken aus den ersten Jahren des Englischunterrichtes schließen wollen oder die grundsätzlich finden, daß ihre Grammatikkenntnisse insgesamt wieder einmal „auf Vordermann" gebracht werden, d. h. aktiviert und trainiert werden müssen. Das Buch ist in 11 Kapitel unterteilt, in jedem Kapitel wird ein zentrales Grammatikphänomen abgehandelt (z. B. passive voice, reported speech, tenses, if-clauses etc.).
Am Anfang eines jeden Kapitels steht ein motivierender Text als Einstieg. Sogenannte Regelkästen enthalten die wichtigsten Grammatikregeln mit Beispielen und vermitteln das nötige Grundwissen zum Lösen der Übungsaufgaben. Häufige Fehlerquellen (gern verwechselte Wörter, unregelmäßige Pluralformen, unregelmäßige Verbformen) werden am Ende eines jeden Kapitels separat vorgestellt.

Karl Schuster / Rudolf Birkenbach / Klaus Dieter Bischof
Training Englisch
12./13. Schuljahr
unter Mitarbeit von Jane Gallagher
120 Seiten + 56 Seiten Lösungsheft, Klettbuch 92895

„Training Englisch 12./13 Schuljahr" gibt eine gründliche Einführung in die Arbeit mit der kombinierten Textaufgabe. Das Buch umfaßt 18 Texte – jeder mit komplettem Aufgabenapparat versehen –, die auf vier Kapitel verteilt sind. In jedem Kapitel wird ein anderer Aufgabenbereich der kombinierten Textaufgabe exemplarisch vorgestellt.
- Looking at the Language
- Looking at the Grammar and the Style
- Questions on the Text
- Comment

Alle vier Bereiche werden ausführlich und anschaulich erläutert. Zu Beginn eines jeden Kapitels werden an einem oder zwei Beispieltexten dem Schüler Lösungswege für den jeweiligen Teilschwerpunkt vorgeführt und kommentiert. Genaue Aufgabenstellungen sowie zahlreiche Tips und Hinweise erleichtern die Bearbeitung der weiteren Aufgaben. Die Einteilung nach Kapiteln ermöglicht individuelles Üben – entweder kann der Schüler gezielt Schwachstellen in einzelnen Aufgabenbereichen angehen, oder er kann eine Art Vielseitigkeitstest machen.
Die Einführung in die Teilbereiche der Textaufgaben erfolgt mit steigendem Schwierigkeitsgrad – Ziel ist es, den Schüler zu zunehmender Selbständigkeit anzuleiten und ihm vor allen Dingen Lösungsstrategien zu vermitteln.